AF415055

Creative
Puzzles word

MOTS MÊLÉS
En Anglais

VOLUME 2

Pour adultes et enfants 12+
80 GRILLES- 1700 MOTS

TABLE DES MATIÈRES

Les règles

Trouvez et rayez les mots en bas de la grille qui peuvent être positionnés selon les 8 directions suivantes:

De haut en Bas
Bas en haut

Les diagonales et
diagonales inversées

De gauche à droite
et de droite à gauche

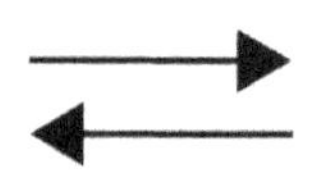

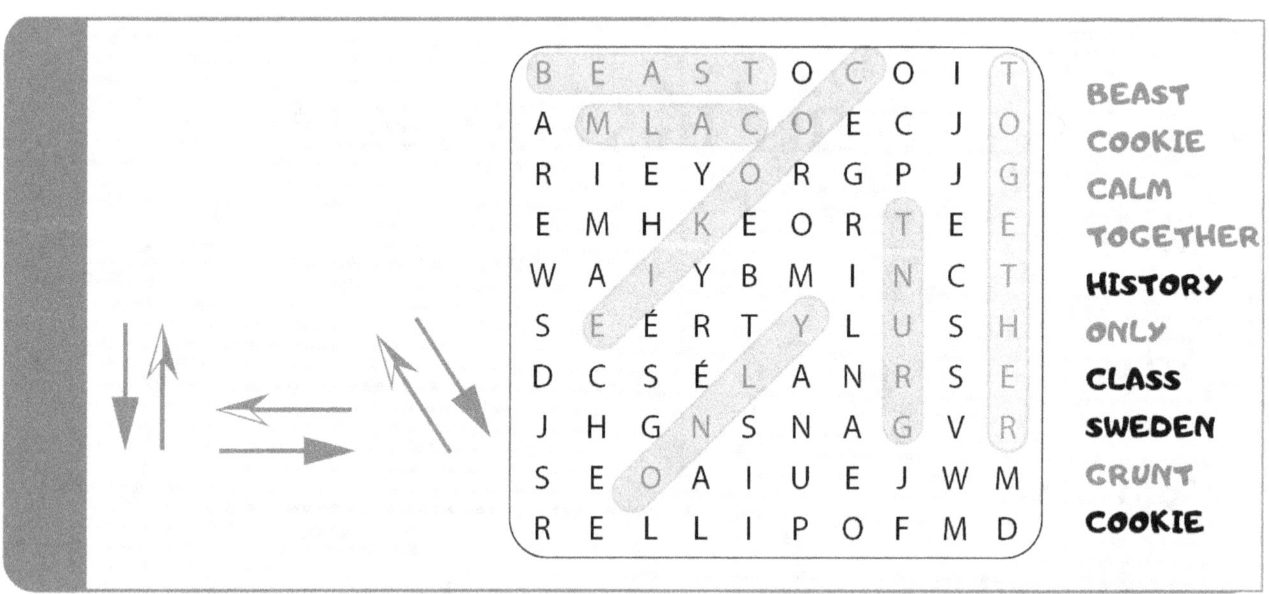

```
H P Z M V R O T A B D F S Z S
J G O N S Y N G M S C L S K X
J E G B Q P L N U L U J O W E
P D N Y L T S R I F V B Y X T
U S E S E X C I T I N G U N F
B P T G H S J H X O W N E R Z
X A I A J A G H U R I S I P B
P C L G P U L A Z G B E Z R U
L I C L O L U L E A N F A K C
U O U H E D E R O D F Z X D K
O U T Z E R I R L T I G H T E
C S L I Q E I Y C L U T C H T
H S E I N D O N E S I A N E W
T V R U L I J N A I C I S U M
U T Y P I C A L I S R A E G M
```

ABSENT	BALLERINAS	BRAZIL
BUCKET	CLUTCH	CUTLERY
EXCITING	FIRSTLY	FRIENDLY
GEARS	INDONESIAN	MUSICIAN
NIGERIEN	OWNER	SHALLOT
SPACIOUS	STAPLER	SUBURB
THOUGHTFUL	TIGHT	TYPICAL

```
L L P T I Q D K U M Z O J N V
N A E E A Q N D V M F P M N F
Z M G R J N G D N C P O T S D
T L E M O K H J A R E P P O C
P R F I F A U Z E Z I L E B L
J Z F N E D E T N E L A T R O
S T R A W B E R R Y U X R I S
S U D L T N Q K S K U E M D E
E A A V T L O L M R S Z E G B
R V N I R F W C H I L E L E U
T T O Q I D S I V O R I A N H
S U K B G T A D E D O R R O C
S O E J M I A S P A R A G U S
D R A D I S H L E S A E P P I
S T E K C A R B Y R C G A N Y
```

ADVISER	ASPARAGUS	BELIZE
BRACKET	BRIDGE	CHILE
CLOSE	COPPER	CORRODED
EASEL	FIBERS	ITALY
IVORIAN	PRETENTIOUS	RADISH
STOP	STRAWBERRY	STRESS
TALENTED	TERMINAL	TROUT

```
Z J M H W A W F B P B Y G M U
V P H H R Y U L K S Y U U Q D
D I U F W V Q C Q G V R Y R O
I N T E R N A T I O N A L N G
S N Z S P A R R O W H A W K S
C T C G J O E L T N A M S I D
I L G E L U P E E D L K H F V
P K A L N G U I N E A W C B Z
L W E M R T S W A Z I L A N D
I Y G E E O I J Y T C E O H I
N O E A S V Y V H L E E R U R
E K P T B J Q A E A L H K J T
T O C S T L X C M S A W C F Y
T N X S U O R E M U N W O L H
L P R V W P Y Z S J D A C T T
```

CLAM	COCKROACH	DEEP
DIRTY	DISCIPLINE	DISMANTLE
GREEK	GUINEA	ICELAND
INCENTIVE	INTERNATIONAL	MAYOR
NUMEROUS	SALT	SPARROWHAWK
SUPER	SWAZILAND	TEAPOT
TROLLEY	WHEEL	WITH

```
X T T G D J B W S K W E T N U
N B H U G B B C E V V S H B R
F X G G E X A M I N E R F Z N
H W I O L P B O O W O L W E L
O S E L L E H C Y E S X V M B
L K W A D W J W N P Z Z P E A
F O P H T A L M O L O G I S T
A Y L T I L E O I L D L S T T
N S U E G L O R T V B O H S E
Z T R L H P F D A X K V S O R
S E A Y T A O U L Q O E A C Y
M R L K E P Y A U G A R A P W
Y S F C N E E L S P A R K G Y
N O Z H N R J D N A H T G L D
D N X C S I N D I C A T O R S
```

BATTERY	BLOW	COSTS
EEL	EXAMINER	GLOVE
HAND	INDICATORS	INSULATION
LETHAL	OPHTALMOLOGIST	OYSTERS
PARAGUAY	PLURAL	READ
SEYCHELLES	SPARK	TIGHTEN
VELVET	WALLPAPER	WEIGHT

```
X E K W F W L H Q Y S T V Z S
F M L I W Z W C Q Y H I T W U
G C X N C G D B B R P Z W I E
P Y F D W O S D R A T S U M C
D W C O I D C U P U B F F Y C
H Y I W O R K E R N W O R M O
B Y J S E E Y O L P M E O A X
H V A A U Z U I M C S N O N T
Q B L O T O G N I D D U P L B
N H G V A D W W Q T H F E Z O
S I E T E L P M O C H B Q D R
G V R X Z L C M A S O N R Y E
P S I B H U A E A W K W A R D
Q N A T K B P C N I U G N E P
I X N O S I N E V M U T T O N
```

ALGERIAN	AWKWARD	BABOON
BELT	BORED	BULLDOZER
COMPLETE	EMPLOYEE	FUN
MASONRY	MUSTARD	MUTTON
PEACH	PENGUIN	POOR
PUDDING	SUEDE	SWIM
VENISON	WINDOWS	WORKER

```
T Q E I W X A S W M Y R D F V
S H J V S N E W R Q Q V M N A
S F Z E X I H W U I T F T S S
V H W I L E A R S I X Y U N X
D N O F V B T I E N U M F E T
G U Y R H R F R A N K L Y F Z
S Z L L T D U D E Q E Z R N A
O C H R P S U S E G A R L I C
G E O R A S W L W D R D O O W
P P M E M C B Y L T N E L I S
V K L W H A L E S O U Y M S O
D P O X H L I N E I C O P Y B
A Q C S I M P O R T A N T K E
I E A W A L L S S Z A N F X R
K W Y R Z Y L E R A R A P F X
```

ANNOYED	ANXIOUS	CALMLY
COPY	FRANKLY	GARLIC
IMPORTANT	ISRAELI	LINE
MERGER	PLEASURE	PORT
RARELY	SHORTS	SILENTLY
SOBER	SUDAN	WALLS
WASHABLE	WHALE	WOOD

```
P T F C T N S U W L F M K P Y
I R Z Q B G X U R M V F H K K
K V P S G N I N O S A E S V Q
Z W G I T U E Y K A C C E N T
F V F I L L E D G D A F I H M
X L F I S P A H R E P S T V X
A O A G N I D U L C N I N I T
K I U A O I L E H A P M A J L
B F Q G V E S T S T A P P V R
A R N M R T U H P U D L O H J
A C A U A F B Y I U M E V A H
A N Q O N X J F K N P A S S I
F Z P D E V E L O P G I J Q F
M L O S P E C I A L C S L T T
Q N H K K K T E N D E R H F W
```

ACCENT	AMUSED	CAT
DEVELOP	FILLED	FINISHINGS
HAVE	HOLD	INCLUDING
JAM	OATS	PANTIES
PASS	PERHAPS	PUPIL
RULER	SEASONINGS	SIMPLE
SPECIAL	SUBJECT	TENDER

```
B G H Y G A H T S I T N E D R
A N I L O M E S Y O O Z P P L
U I P R O B A B L Y G J U G R
O L P E X E N I M C C B R E C
K I O T R Q P O V R G Q T D L
S E P U C R U P E N M S R S B
A C O P B S Q N G L M E A M N
C Y T M E T I Z E A A L C E A
N H A O O A M N H D T K K D P
Y B M C R M N P G Y E O S U P
I T U T W A Q K N U R S U Q E
I W S Z L L I R D B L P I N N
T X T F X U D E C O R A T E D
K O X T G F V X W A N I R S I
K E T X L W G E Y K B N M Z X
```

APPENDIX	BROKEN	CEILING
COMPUTER	DECORATED	DENTIST
DREAD	DRILL	FLANNEL
HAMSTER	HIPPOPOTAMUS	MOUSE
OAK	PILOT	PROBABLY
SALTY	SEMOLINA	SINGULAR
SPAIN	STRAINER	TRACKSUIT

```
Y  A  Z  J  W  B  B  D  J  K  E  L  G  A  E
A  X  E  Z  W  G  I  R  D  H  F  R  E  S  H
O  K  K  E  B  T  Q  D  R  I  E  W  G  S  M
P  Q  S  V  J  S  Z  L  G  E  N  I  N  E  B
V  P  Y  E  W  W  S  R  C  T  T  C  A  X  E
F  B  N  A  M  A  R  E  M  A  C  L  R  J  H
J  I  I  C  Y  T  X  D  R  L  B  B  T  B  T
W  E  A  C  H  E  O  L  C  T  M  U  S  D  A
M  O  R  O  E  R  N  O  N  B  S  T  L  Y  E
E  J  G  M  Q  P  N  H  W  Q  O  M  F  L  R
P  H  L  P  W  R  G  E  H  R  A  W  A  U  B
M  N  C  A  Z  O  C  R  K  P  I  C  L  E  D
A  H  I  N  F  O  E  A  O  U  X  T  J  I  S
L  I  B  Y  A  F  I  H  D  H  E  M  E  K  C
O  Q  X  I  N  E  K  S  C  V  U  N  A  R  Y
```

ACCOMPANY	BENIN	BOWL
BREATHE	BULL	CAMERAMAN
EAGLE	EXACT	FRESH
GRAIN	GREECE	LIBYA
MAP	SEAMSTRESS	SHAREHOLDER
STORK	STRANGE	SUM
WATERPROOF	WEIRD	WRITER

```
P I Q J E P L O S N W C B M E
L I U O X Z V F E E B R R L X
Y L S S T Q E L V Z R E E B N
U R L U K R A N I A N K K S C
D E R A C S F F T X X C R Z D
O I C V P U L U N G S E O D I
S G C A K G M U E E H P W H I
E I N X P P Z S T C K D D F S
R V R I O A U L T P B O O R D
U E A I S R B U A R H O O F J
S F N S I S B L A Q E W W C C
O T A N T U I N E X A N H L Z
P F A L I U D M P S R U G R D
X M T B V Y A U G U R U Z T U
E T A P E R E C N I S I T J H
```

ATTENTIVE	BEEF	BRANDY
BUTCHER	CAPABLE	EXPOSURE
GIVE	HEAR	LUNGS
MISSING	MUCUS	POINT
POSITIVE	SCARED	SINCERE
STRENGTH	SURINAME	UKRANIAN
URUGUAY	WOODPECKER	WOODWORKER

```
E W Y R A N R B A J R W Y M Y
A S A R X V G K G R E B T A L
V C J J V L B C S T C L E U P
T O M L V U L W S S T A I R S
Z E C H R J Y Q M R U X R I C
G P V K D W P L I F M V A T H
N T I C I S S A L C W S V A O
T N N A A D N B O I Z N T N C
A B G J M E D O P I R T F I O
S L F X O E P R I N C I P A L
E H B W N S A A U C X G M P A
E Y U K D V U T H S N E R C T
J N A I N E V O L S T A N K E
D E R O T S E R U O P G E F X
G W L G D S T Y A S S E V M W
```

BURKINA   CHOCOLATE   CLASSIC
DIAMOND   ESSAY   FIX
JACK   LABORATORY   MAURITANIA
POUR   PRINCIPAL   RECTUM
RESTORED   RUST   SEEDS
SLOVENIA   STAIRS   STEW
TANK   TRIPOD   VARIETY

```
U I T C X K F S J T Z H A M Q
N H F E T R A N S L A T I O N
E K Z C L T N L H O J S K E H
G L U Q U G A I R T S U A Y P
I V C K M R I M U S S O P W A
V N C C E E N P K E N Y A N B
N K H N Q W A G C N U T S H R
R R I C K I D X N S I J R H M
O M N N R O R O D I R R O C T
B N I P M O O B E T B L P N R
B R O L T J J V I I T M T U V
U R Y C E O H I R V V N U L W
T X A R A J M O R I M N U L H
S E Y X I P E U O T Q T X R P
D V V Z E K A S W Y E K N O D
```

ACTOR	AIRPORT	AUSTRIA
CAP	CEO	CORRIDOR
DONKEY	JORDANIAN	KENYAN
LUNCH	MINERALS	NUT
OBVIOUS	PIGLET	PLUMBING
POSSUM	SENSITIVITY	STUBBORN
TRANSLATION	WORRIED	ZUCCHINI

R K A Z Z H U Y M U Y E I H R
K C G V P P O K X W X C Q W Y
D Z U X P N I G P M H L O T H
W A C C I D E N T A L L Y I D
G O G Z Y V U S E P A R A T E
I P A B L D P T U N O D V V P
B H U A C L C B R O A D W C P
T M V L E E Y S N T H T X A I
B N P E L G X L A T N E R B U
E R N A N E R L I A U Q R B Q
E T I O O E Y E D W V P E A E
W D L T B S Q U A S H Y D G W
J M L M I Q E D N T E S U E Z
C B U J M S E P A Y L U U J C
U N S X I R H E C S K Y R P F

ACCIDENTALLY	BRITISH	BROAD
CABBAGE	CANADIAN	DIALECT
DONUT	EQUIPPED	GREATLY
LONG	NUMBER	PULLEY
PUSH	QUAIL	RENTAL
SEPARATE	SPLEEN	SQUASH
VALVE	WADER	WAREHOUSE

I A Z D Z L W Y Y U O J Y I S
X V P A R A G U A Y A N A H S
R D L W A L U F H K J T L N Q
F O E G G N I T I H W H L G B
L P Y D X E L P M O C G V A R
U H O R N E T I P K C O C R M
W D E E E U Y H Q F Y Y Y B P
X I W G S S O C E A N I A B B
Q G E U H R T F L N R P J K N
G R Y L P T U D B E I R H I N
H M W A T C H N A M A U R G Y
Y V J R A M O I C J U R N N L
C P M I F R Q B K L K D L E K
G R H T I W U O I S Z G J Y G
A N B Y I R G R E R N X S F G

BACK

COMPLEX

GENUINE

IRON

OCEANIA

REGULARITY

ROBIN

CLEARLY

DUMBFOUNDED

GUILTY

MALTA

PARAGUAYAN

REST

WATCH

COCKPIT

FAT

HORNET

NURSE

PHD

RIB

WHITING

```
O Z I O K T T A S V F J B A M
W H F H M W N E Y S C H Q L Y
F V F G N B D X T Y A G E K U
P E J C G I Q F D Z O Q Y N E
T A Y F D I S G U S T E D T G
E E T F D E P A R T E M E N T
L S R P M M S I L O B A T E M
W U A U K U O T U P C V E A J
E D I W C E W U I L A Z Y O E
F A N C O G T C O N T I N U E
I N E K M O E T E K A J D D V
W E E W M K H T D T U T I L E
D S D J A I S E R A Q H I A O
I E W H N I H O N E S T W O C
M I S G L L A C I A M A J J N
```

AORTA	CLOTHING	COMMA
CONTINUE	COW	DEPARTEMENT
DESTINATION	DISGUSTED	EMU
HONEST	JAMAICA	LAZY
LISTEN	METABOLISM	MIDWIFE
SHAKE	SOW	SUCCEED
SUDANESE	TILE	TRAINEE

```
V W B F U X A E I F X A G J B
O D D I G C U L I F I Z X U N
X J I B B D K O C U L T X U N
C O N T R A C T O R Y F Y P S
I O G S V B O A R D E R E N O
B Q C R I R E L B A S S A P K
H K R K O S D E N M A R K C L
Y E I V C N Y Y R A G N U H Q
T N N Z I H E D G E P Y L G F
I V O K D G A R E Y L E E R F
T I I I P Y U F A M O U S O M
N O V E T U N T E N A B L E F
A U T R Z A V F T R A L N A H
U S Y Z A D R A H E O U J V J
Q Y M G M E Y Z V W R J H A Y
```

BEER	BIKINI	BOARDER
COCKCHAFER	CONTRACTOR	DENMARK
ENVIOUS	FAMOUS	FOLLOW
FREELY	GUTTER	HARD
HEDGE	HUNGARY	KIND
MENU	PASSABLE	QUANTITY
RATION	TRY	UNTENABLE

```
Y U I N Y C I F I C E P S V P
Q P G K M A U R I T A N I A N
Y Y L V A N G W D N S E I V B
T Q P V E A M P G X H N Q O L
O P F U R R L R F T T W B D L
Z U J I C Y Y U O I I O B L B
P C X Y W T G L N C M N F O C
R E M O T E C G B O S K Y M G
F A O Z R E T T U C K N D R G
O D N S L U D G E U C U D L O
R P I B L A D D E R O I N G B
G H A X W O R R A B L E E H W
E T U H C A R A P U U M B G A
T H R O W O I Q B L V W E Y H
G D N M F P Y K Y E T Z Y W X
```

ANGRY	BLADDER	CANARY
CREAMY	CUTTER	FORGET
FUR	LID	LOCKSMITH
MAURITANIAN	MOLDOVA	PAINTING
PARACHUTE	PLYWOOD	REMOTE
SLUDGE	SPECIFIC	TABLECLOTHE
THROW	UNKNOWN	WHEELBARROW

```
T G M W G E D O F R A A K N Q
X U C D X O V S L H L U N R H
Y F D J T C N U T R I E N T S
Z N C P A P M M G J K C V W A
J U N D I S C I P L I N E D E
L H S N O T A O L G Z A M G R
Q E L E G A N T F W F N Q K C
Z N U I B J X I D M A E R C N
M I G H R I F M B O O T S F A
J O V E N K J E W B P N F A P
A V A K R I Y R A R B I L I T
O A K L W S I C K L E A Z Q O
A y K I I T S U J N U M I L W
U D K C K A N T A R C T I C A
O Q K W I N T E G R A T I O N
```

ANTARCTICA	BOOTS	CREAM
D'AVOINE	ELEGANT	GLOAT
INTEGRATION	KIWI	LAO
LIBRARY	MAINTENANCE	NUTRIENTS
OVEN	PANCREAS	SICK
SICKLE	SLUG	TAJIKISTAN
TIMER	UNDISCIPLINED	UNJUST

```
H W X O V N A I S Z Z Q Z Y D
X L S H O E L A C E S J R X W
Y H G R Y R A T E R C E S H W
T M H G B M W X V L C A L V A
Y S F W S D M D C E D G R O R
A I U U N S F U P C E N V B S
T J V P G K W T R N Q I A N E
L P D K P G I A N C S R G H L
F M W A O O N K I E V R I V C
P J N D N K R I A S D E N L B
C Q O I S G Y T R K T H A P P
V O S H W S E L A T V R F X C
E T A M A O A R U B S E N D A
L F K Q N D K L C V L A E S P
T E N D O N G R C O Q E Y I A
```

ANGER	BRACES	CLASS
CRANKSHAFT	CRUMMY	DOG
HANDLE	HERRING	KAKI
RECEPTIONIST	SEAL	SECRETARY
SEND	SHOELACES	SOLE
STRING	SUPPORTABLE	SWAN
TENDON	VAGINA	WAIST

```
C C J A X C D U Y Z O U I S P
L H Y V I A K G G D F L K L N
S P R E B E H Y X P T P O M G
M K P P A N A M A N I A N G T
I N M P F R A J X F X C T M I
Z A M A N A P S U O R E N E G
R B I T E K Q T I Q O A P W E
E K G R E T T U T S R T I G R
F C U A A I L T S M Y L N D P
A P A I W G R K V K A I E Q Z
O S N E C I L E C G A V U H K
L R A E H U Z U E R Q N S X N
Q G M S O Q L N B D F A R A G
D I Z P K R E N N I D G U V G
L U H H E S V N O J X T P O M
```

AFRAID	ANVIL	BITE
BRAIN	BULGARIA	CHOKE
DEER	DINNER	FAR
GENEROUS	IGUANA	LOAFER
LUCKY	PANAMA	PANAMANIAN
PURSUE	RAMP	SENEGAL
SHIRT	STUTTER	TIGER

```
V X W U A B I Q J M O K F R W
L P B H B S P M Z N D T M Y X
T H X G I M S L E C T U R E V
S E G A U G N A L K H Y E C J
H S I K R U T N Z P E D A L S
D C J I R E T A N O I S S A P
O B T C S I V B O W E L P J R
G O R I U Y G E D R I V E W O
C K O S T L E L N G N I P C F
V N W Z N S R E H T A S T Y I
K A Q D Y O D T G D U O R P T
L K W A W R N A M R I A P E R
P J W H A D D O C K Q W L I H
L L T G E L P M N J Q A C L Y
A H D X F D L B B E X K T W Y
```

ALWAYS	BANAL	DRIVE
EVENTUALLY	GARDEN	HADDOCK
LANGUAGES	LAWSUIT	LECTURE
LEG	LIGHT	NOISE
PASSIONATE	PEDALS	PROFIT
PROUD	REPAIRMAN	STITCH
TASTY	TURKISH	WORLDWIDE

```
Z G V X T T E N I B A P Z M Z
C S Q M W C U A B D A Y D P W
H I E T F V S X Q V T E M S P
C M M E D E C I N E Q E K O R
R I F P L A R D E H T A C R H
O L S S R E L I T F E R R E T
T A T E V O D K A W A B F L Y
W R E R I E N I P P I L I H P
O R E I X K N O P G N I R B S
L E R O T I O L U C H B E J R
B Y C U H F E O C N B Z P L S
Y A S S R D G A C K C D L T R
V L I O E M N Q G X J E A L K
Z P D E T I R I P S I D C T K
A G G U Z S E G I T Z W E F X
```

APPLE	BLOWTORCH	BRA
BRING	CAREER	CATHEDRAL
COOKIE	DISCREET	DISPIRITED
FERRET	FIREPLACE	FLY
MEDECINE	PHILIPPINE	PLAYER
PRONOUNCE	SERIOUS	SIMILAR
TILER	VODKA	WASP

E A L Y A F K O U T G J R N F
M S U I B H V Y D O D G E D U
Y S O U N D N E S S W A I M E
U O X Z H S Y H V L T N E P X
F Z Y L Y R M B R G I O L E K
W G E I S B P R G C G D S L R
S A F Q Y E C U A D O R E B O
Z X W K A W C R O A T I A A W
T N A R O D A V L A S J J I R
S P S T H G I L D A E H M L E
I T N E U Q E R F S S C I E P
R O M A N I A N O Z U J I R A
O R O R G A Q N M T F B O N P
L S A K H A I R D R E S S E R
F C C U V R H D Y B R E V X W

CROATIA	DODGE	DSLR
ECUADOR	FLORIST	FREQUENT
HAIRDRESSER	HEADLIGHTS	NICARAGUA
NICE	NOSE	OWN
PAPERWORK	PEN	REFUSE
RELIABLE	ROMANIAN	SALVADORAN
SLIDE	SOUNDNESS	VERB

```
Q O J A E S R C H Y F P V V N
A U J W S U P O T C O N X N U
Y M D X C I R J X M O A N E G
I E B A T B O B E D L I A G J
N Q E C I D U G E X I S T G L
T A H R H L R T C Q S S S P O
E E P N E A E E H A H U Z L B
R J W H N R E V I L L R Y A S
F S P A M P I B P X Y T G N T
A R T I A D N A P E B G R T E
C E N C P A Y V K Z A H Y I R
E E B W N N L V T G W P K Z D
D U I K B C O V E R C O A T L
H J A Z O E N F B I S O N S G
G S A E Z K E J W O N K O U Y
```

BAGGAGE	BISON	DANCE
DETERMINED	EGGPLANT	EXIST
FOOLISHLY	HUBCAP	INTERFACE
KNOW	KYRGYZSTAN	LIVER
LOBSTER	NYLON	OCTOPUS
OVERCOAT	PANDA	PITCHER
POMEGRANATE	RUSSIAN	VEIN

```
X E I R A H O R V Y T O R N Q
Y C L A M P B Y L N E D D U S
K N A I D N I J S C W X J Q O
B E V G D D V Z U A M I G P R
E L D V S E F N R M E Y N L E
E U A I W B T T K B P V C A C
G B G E M K H H P O L I C Y O
X R I C E O P J G D F J U G N
E U O W G M F F E I E K U R I
G T S T P Q A R T A L S R O H
Y I W M P P O T A N Q E V U R
V J I L E L I R N M T C D N L
T V A Z O N U S R A E N S D L
P R I C G X X C R F F E U G G
C R U R Y E X G S T K F W A L
```

CAMBODIAN	CLAMP	COLORED
DELIGHTED	EASY	EWE
FENCE	FITTING	FRAME
GRATER	INDIAN	JUMP
PLAYGROUND	POLICY	RHINOCEROS
RICE	SCULPTOR	SUDDENLY
TURBULENCE	WARTHOG	WIN

```
Z K F G X L C M F Z V W R S K
V Y N H S I F E L T T U C T I
O C D A R M A D I L L O Q T W
Z N B N N A M R E H S I F F F
K P F A A D M I R A B L E L F
J Y L E T A R E B I L E D W F
T L O O T G P F E C P J N P C
O D Z A U A L S A W A É A E D
H I J D E S A R G E N T I N A
D P O X V C S U S S H N B R S
C A Y Q T A T B I U U A M A H
I R F I S R E Y U X E S O G Q
C T U Y R J R Z H I S J L E R
A S L N O K N S G I L U O D Q
J W W Q W P E U O C M D C A Z
```

ADMIRABLE	ARGENTINA	ARMADILLO
BUILD	COLOMBIAN	CUTTLEFISH
DASH	DELIBERATELY	ENRAGED
FISHERMAN	GHANA	JOYFUL
MADAGASCAR	PLASTER	RAPIDLY
RUBY	SANTÉ	SAW
SUITCASE	TOOL	WORST

```
J W C X M V F H C T B U P A N
K J C O R M O R A N T F Q Q E
L Q S P I C Y J S O O J Q O G
R N C P U Z Z L E D K L R V B
K C T O I C I T S I M I T P O
O A L R Z P K Y N P T G T R U
B M A T Q G E P O R E D N O Q
L E E U B N F B I U A C X E E
A R N N D H U A T P N F I C J
G O J I S O N T U U E G A B V
S O K T W G N Y L I C E F B C
M N H Y U S E B O R I N G L U
B N T L U T L Z S W A L L O W
R Z A H H R J N E I P G A M U
C R A W L N U T R I T I O U S
```

BAT	BICEPS	BORING
CAMEROON	CORMORANT	CRAWL
FUNNEL	KIDNEYS	LICE
MAGPIE	NUTRITIOUS	OPPORTUNITY
OPTIMISTIC	PIPE	PUZZLED
RESOLUTION	SPICY	SWALLOW
SWINE	TRIANGULAR	YOUNG

H M U T D R N T C Z A Z C P I
L Y R O T A G I L L A V H T U
U B K D S H U D D E R M U B P
D F H P Y J A M A S X J B C Q
N C S E M I T E M O S X Q I X
D C I T F R E D N A L O C L A
L V F F I E M L X V L R S B S
H X L J A P A E T A K E F U A
H O L H Z E L B T T H Y Y P X
Z W E O B A A E O H U F L L E
C I H V F T N R U U B H E N D
D H S O C E R E A L T E S E N
E F D V P U Y T H B B H O S S
Z U E U Q I B M A Z O M L Z K
J B G L W D D V Z W P M C I X

ABOUT	ALLIGATOR	AXE
BERET	CEREAL	CLOSELY
COLANDER	FEES	GUATEMALAN
HUB	MOZAMBIQUE	PUBLIC
PYJAMAS	REPEAT	SHELLFISH
SHOW	SHUDDER	SHUTTLE
SOMETIMES	TAKE	ZAMBIA

```
C C F S Y H R E T T U B V S W
G K X M Y F R D F Y G B M C G
P S R E Y O L P M E A T P S J
I E W F R A G I L E N P O U P
C H G H Y J D T O R D E R G S
G F T N S W T F O C A S S H V
A U K R A I N E C C O O M E R
X C B R L R N K L L T O E C X
T N O A E G O A D Q B L C S T
D R R S G C M I D K T P A M X
E L U F D A E R D R S R N R I
Q Z E Y L R D N U P R K I R Q
S I M I F Z Y T T H I E C N N
D I A P R E D N U L F H P D C
T N E G N U P G Z O Y S S J R
```

BUTTER	COOL	DANISH
DREADFUL	EMPLOYERS	FIRST
FRAGILE	LITTLE	LOOSE
MALIAN	MECANIC	ORANGE
ORDER	PAY	PUNGENT
RECENTLY	SOLDIER	TURTLE
UGANDA	UKRAINE	UNDERPAID

```
X K M H E W B B H V D T R K F
M O F D V E Y L I T N I A D H
J I I F H A T E E H C E Y F I
J B Z H Z A W Y P Y R L N F M
U H K C X F O A L O D Y B V P
D B J K I F N N G D G H L A I
B P R N K E W C O O L Y A Y C
H H D A L R A N N I L P P Q T
O E O T T T E M E F S M M L U
R F D U C R U D E V E I L E R
S R B H S S O I L R P D V D E
E Y D B C E R M A I I G A I T
I R H L F B O D Y C U C N L D
X G E O G R A P H Y F B A A B
H C V O T T R A M P O L I N E
```

AMERICAN	BHUTAN	BLADE
BRIEFLY	BUILDER	CATCH
CHEETAH	DAINTILY	DIVISION
FOAL	GEOGRAPHY	HORSE
HOUSE	MORTAR	MUSCLE
ODDLY	PANEL	PICTURE
RELIEVED	TRAMPOLINE	VIEWFINDER

```
Q E Z Y N G Z I E H S E L E H
H N E T A M I X O R P P A I C
G L O C W Q O N V E M Q N Q F
Y E R S Y L T H G I L P O M R
K D E L L T M Z M A D J I R I
Y Z T C L H A F R I C A T Y O
O H A C U J L P E D T L P M I
T C F G F N L I S T A Y O U A
Y O E D E L E E U R O P E G O
S O A N R K T L L O S E R N S
O R O S A A R R T O W E R N F
W B M N C Z Z A C O M P A S S
P O S G G Z Q I P T P Z R V D
Q X B E O I O W L V J A O H I
J L G M A C S M H I I X U Z D
```

AFRICA	APPROXIMATE	BONE
BROOCH	CAREFULLY	CLOGS
COMPASS	EUROPE	HUGE
LIGHTLY	LIZARD	LOSE
MALLET	OPTIONAL	PARK
POT	RESULT	SIGN
SNAKE	STAY	TOWER

```
Q P S C I N O R T C E L E U H
M X T C I R T S D M L S C I V
G W H I S P E R O O V A P L L
S J G D H D R C H R P S L T U
P J I I B O N K D D M X U U Y
U P T N E Y I U T O C E M U Z
V R Z B L E P M O L R I B W O
M O U S I R A Q W R I T E D K
C C V K E P K U J K G K R A J
K E H V V S I A M E V J S Q S
E S Z J E O S T H L D W Q D F
V S H G R Y T I S E B O I Y I
A O A T W J A U L N N L X I H
N R C I D G N A Z S O L G R M
U R U G U A Y A N S X A J L O
```

ALLOW	BELIEVER	DELAY
ELECTRONICS	GROUNDS	HEN
IRAQ	KUMQUAT	LENS
OBESITY	OSPREY	PAKISTAN
PLUMBER	PROCESSOR	ROEBUCK
SOLID	STRICT	TIGHTS
URUGUAYAN	WHISPER	WRITE

```
O Q Y O E W F I V B V O F D T
K R T L B L S R R S B L O Z S
Q V B S P E M S P E C W H O I
Y N H R B M U H T X S G V N T
D B G S U O I D U T S T D S R
K N I L N M B S M V E E O T A
K C A C P A E L U M P M I R C
Z K B T R G C F E E A X Z N E
Z C X G S A N K N E R F J L T
I X A M K R N D R D A B H D J
O I D E Q I E T O S T U P I D
N B A H S N I D I X E R Q V T
F I C N T R X Z N E L L O R F
L S I A E O K N F U Y E X Q G
D T C I L O H O C L A I J W I
```

ALCOHOLIC	ARTIST	BARGAIN
CAKE	CICADA	CRIMP
ERITREA	FEMUR	IBIS
INDEPENDENT	MULE	RESTORE
ROLL	SEPARATELY	SIMPLY
SINK	SNACK	STUDIOUS
STUPID	THUMB	UNDERSTAND

```
P F T S I L A N R U O J G U A
X D I S M A Y E D M S T Y O T
R C D T P P L L F B B W Z B H
O Q D B P E E S D O F O A V Z
E P S A V V D A X N D S R I W
P N H A O B L V Y E I E C O R
I L N H G A N L X L Q L F U M
H T S C S K T T G Z C H B S S
Y K L E X C E P T I O N A L N
R R P P I N L D S Q U I D Y S
X Z Q R S A R E G E T N I I R
V K T I C K A V A U H J E P S
N S V E J M L A C N S U A J U
C E W T Q S A A P K E X I T A
Y W J B J F P Z W F K R M E M
```

BASIL	BLINDLY	CALM
CLEANER	CRAZY	DISMAYED
EXCEPTIONAL	EXIT	EXTENSIVE
HAPPY	INTEGER	JOURNALIST
LACE	OBVIOUSLY	RELEVANT
SALAD	SEAM	SHOVEL
SQUID	STRICTLY	WALK

```
M N H Z C C K W G K D L O O J
E E W S H O R R I B L E S A A
X S I S A U C E E S O O H C S
H X T A O U E X H Q C T Z L U
Q I H U N G A R I A N B T R W
G U O C Z P N M P I R N S L Z
J I U E I D H E K O A V V F E
O P T P R M R I C H G U A L I
E G L A A F M C P K H O Z W H
A K W N E W O E G A L E S U F
K O G C J L L Z D L I A H S T
C O T T I E T A Q I A S C D V
J L R R O Q B Z S I A S S E E
Y V O H C N A Y M K E T S U E
L Y X X M S E N I L D A E D R
```

ANCHOVY · BAD · BOTTLE
BROCCOLI · CHOOSE · COWARD
DEADLINES · ELEPHANT · FUSELAGE
GLASS · HORRIBLE · HUNGARIAN
IMMEDIATE · LAUGH · MANGO
NECKLACE · PERFECTLY · RUSSIA
SAUCE · SAUCEPAN · WITHOUT

T K G J Y D R R F R Z P U Z C
M G O C H O R S E R A D I S H
R E P P U S J X S C N D B O U
B U N B V Y L U L O I R E F Q
Y S I O N G R E P N J U D G E
P Y C M R P I C W V U F J P Z
R E M A R K A B L E D V T N P
I L K I F D X Z E R E T S Y O
N L S A V F L R E T T I B P J
T E D E L D O R M I T O R Y X
D E R I I P O L I C E M A N Y
D B T D O R A N D O M L Y U C
O P Z Z A G W M T I M O V X H
N C E N T R E P R E N E U R Z
F I Z Q Q L K A R T W G O N Q

ADVERB	BITTER	CONVERT
DORMITORY	ENTREPRENEUR	FADED
HORSERADISH	JUDGE	JUICE
NOISY	OYSTER	POLICEMAN
PRINT	RANDOMLY	REMARKABLE
SCAFFOLDING	SUPPER	SURPRISED
VOMIT	WELSH	YELL

```
G Y L G V D C G H B V W Z S Y
T N K G O R K M Z S M I Y F M
V C U O A E F W M A I O J T Q
G T J O I G E O Y F I F W C M
E N I D R A S F L H E J L X R
C I E T M N M K L X C T X E R
O A F I X A Q N A I L A M O S
Y R M Y Y M E S U E O P O L N
O H N B X Z P R S F R F I J I
T A Z H O E S I U T N B L H E
E B U Y R D O Q H T Y C X B T
P O T A S S I U M A L E D N O
C T T P Y G E A N D S U Z L R
O E L K N I R P S Y E U V Y P
D R A O B K C A L B B H K K D
```

BAHRAIN	BLACKBOARD	BREAK
CAMBODIA	COD	COYOTE
EGYPT	EXASPERATED	GOOD
HIP	LIBYAN	MANAGER
POTASSIUM	PROTEINS	ROOF
SARDINE	SELFISH	SOMALIAN
SPRINKLE	USUALLY	VULTURE

K H M S R C P K M N P S F C I
O S U R E T P A D A I S P Y Z
E O H E W G B Z M P Y P O H K
H H V T A I T A B E L A R U S
O U B E R T S K A P W R T R H
O P A R D N O H R P O R U E A
I L D C R E F S C E L O G G W
S L G N I L T T A R S W A N L
D F E O S A L A S U O Y L E Z
T I R C N V Y N W T S L S S Y
O G S H T I S L E L E V I S Y
E S X W X U X J O V V W D A E
R C M M L Q R E D L O F P P S
C N U Z V E M E R A L D G O K
L S V T D Q V F S E G F D F T

ADAPTER	BADGER	BELARUS
CONCRETE	CRAB	DRAWER
EMERALD	EQUIVALENT	FOLDER
GLOVES	KAZAKHSTAN	PASSENGER
PEPPER	PORTUGAL	RATTLING
SAILOR	SHAWL	SLOWLY
SOFTLY	SPARROW	STEWPOT

```
P Y T R H M F T V T E R U I Q
Z Q H A Z I S T O C K I N G S
G K U S T F G E N U V V S H M
S A F U H X W H D A C H F J O
Z O S B L O S X L W R A L F S
C A P S U C R O P I E E N R Q
N J R T F L K T M N G R L C U
S E I R Y V F P I D E H A O I
N N N A G L U P H B C N T R T
K I K C F D U L M R C O S E O
B N L T O C D U G E J I U N R
C I E I R T C B L A L L M B V
J M R O L U N E R K R F Q I B
T E P N C E D W D E N N A T Z
P F Y E V I T C A R T T A X W
```

ATTRACTIVE	CANCELED	CUCUMBER
FEMININE	HIGHLIGHTER	JAR
LION	MOSQUITO	MUST
PERIOD	PORCUPINE	SHORT
SHRIMP	SPRINKLER	STOCKINGS
SUBSTRACTION	TANNED	TOLERANT
TOUCAN	VULGAR	WINDBREAKER

J R I V U D B Q K A J U I V Y
K Z T F U B Y Z V J I D Y M R
R W P I N I S G R A M M A R A
D E K R O C Y O O C H S G E I
Q O B E I A B W M L Q S M W D
X F E M T D O E T U O W A S I
U C T A A J K N A T R I Y N S
G V A N R E T R I N C T C A B
D Q R W T C E M O J I Z R O U
V R E T S T P X B F Y E X X S
G Q L W I I I S W O T R A O B
I E E G G V C A C L E L A A E
C G C N E E E R I T V A J W H
Y U C M R S R F F G H N Y P H
X S A I R C A A B M W D Z N Z

ACCELERATE	ADJECTIVE	AFTER
ANSWER	BEANIE	BOAR
CORKED	FILTER	FIREMAN
FORK	GRAMMAR	KETTLE
OX	RECIPE	REGISTRATION
RUM	SOCIOLOGY	SQUARE
SUBSIDIARY	SWITZERLAND	WARY

```
H C L D E G K N U C K L E S W
M W J Q W I A F D I H C R O P
D L I G A M E N T N A K I W E
V X H Y I C F T O P Q V X L P
F E O B G C Y G T O I D I T P
H L I M G O D I E S E L G O E
N A U B M C V F V N U U R C R
L T C A P A W Y R R Z Y M U Y
M W N Z T Y L T N E I T A P V
U I J I N E T A B U V N Z L W
T F N N R R C R Y O O A K U L
Z G U X O O A S B S O N E G S
C F C K Q T M W F R I P O B J
E O H I O S T R I C H A I R B
T X T J S H O U L D E R N G P
```

BEAVER	CAPTIVATING	DIESEL
FUNNY	IDIOT	KNUCKLES
LICK	LIGAMENT	MALAYSIAN
NAMIBIA	OMANI	OSTRICH
PATIENTLY	PEPPERY	PLUG
PORCH	PRONOUN	RIBS
SHOULDER	STOREY	ZEBRA

```
L H P O J F L G M M W I I T C
T G Y V Z R W O U C C Q D W K
B B V R W P J T Y Z T U Y R H
S T C L E M E N T I N E Y Y I
S R P M F V H L A S E S O O G
A G X D M P E H S I T T O C S
U E K F A Z O N U K L I M A W
C H X P T U A P O H T O S E L
E B A L Q X C O M M O N Y J Z
P Y E I P A N T Y H O S E P D
A M Y S T E R I O U S L Y I K
N F L E A I W N O B Y C A T K
S E R E N I M D B S U Y F L L
M E N D E N A I S U R A L E B
R N L F E L B A T I U S P F Z
```

BELARUSIAN	CATERER	CLEMENTINE
COMMON	FELTIP	FLEA
GOOSE	HAITI	INDIA
LESOTHO	MEND	MILK
MINER	MYSTERIOUSLY	NEVER
PANTYHOSE	PAPAYA	QUESTION
SAUCEPANS	SCOTTISH	SUITABLE

```
B P G J F I S O C O T T O N M
C C G P I D C H C D H H V C W
I X M M T R A D I T I O N A L
N S M A H R E A E N C G B R Y
J U N H A L R R G M H N Q P Y
L S Z C I B R R D A O O S E Y
O J T V A O E J Y R O R E T P
T E E Z R D E T M E K T N A H
R R T K I F F A Y A A S S E E
Y G V E J B L T C T N T O M J
F U N Y P L M O S G R T R T W
Q T D W Y F K O W Y T F E V Q
S T L O V E R U L A D H O I E
Q E K R N P R O D U C E R E V
Y M D D U I R L C W H F U W O
```

ABNORMALLY	CARPET	CHARACTER
COKE	COTTON	DELIVERY
HOOK	INGREDIENTS	KEYWORD
MARE	PASTRY	PRODUCER
PROSTATE	SEE	SENSOR
STRONG	TERROR	TRADITIONAL
VIETNAM	VIEW	WOLF

```
N L R R D L T V P G V B H Q W
E L X B J H Q M A N E C O L H
V Q J T V T V X K S Z V P M P
G J I O L T N X R R I O B Z N
E C D B P S C O C K E A N N C
Q P D Z I M H Y E K R U T A H
F E N V V A P R O N L C I K A
W S A D E T I A R T R O P N R
F S L S P E R S E V E R I N G
M I N P A K I S T A N I Q I E
W M I C H I N E S E N E L A R
Y I F E N I H C H E E S E L Y
Y S A U T F V E D U A L P P A
L T W A J A I N O T S E Z Z R
R E L I G I O U S I Y N V N D
```

APPLAUD	APRON	ASIA
CHARGER	CHEESE	CHINESE
ESTONIA	FINLAND	HEAT
LATIN	NECESSARY	PAKISTANI
PERSEVERING	PESSIMIST	PLAIN
PORTRAIT	RELIGIOUS	SEAHORSE
TURKEY	WILD	YARD

Z T V P S X P S P E M X K D N
W V V L M W A E K Y L Q G U K
E N T E R Y N N S E B X E C Z
R K B R A I T Z H K G W Q P C
C E S E L A G E N E S R V U O
S D N A I N A R I C W H P B M
K P W O C N O D N Y I M T E P
R H V G V N I D E N T I C A L
O G Y M E A A O I L S S E U E
C A R J M X T T J E P R T T T
P G O E M O C E U G S A I I E
P S T A T I O N A R Y E H F L
H E S O B D X B X Y A L C U Y
R C I C X S L E E P R L R L J
T B H D S E B W U M S F A R O

ARCHITECT	BEAUTIFUL	COME
COMPLETELY	CORKSCREW	DIAMETER
ENTER	GABLE	GYM
HISTORY	IDENTICAL	IRANIAN
ISRAEL	JOIN	NATURAL
OILS	RENOVATE	SENEGALESE
SLEEP	SOB	STATIONARY

```
A X F K F H F W J X T O W G W
Z O U N E E V M X J M A H L I
X C A Q I I S W I T A L I A N
B H R A D A R X I L T C F N M
T K C U X I O C O V E R E D T
R A H E C N R S E M R N B M U
U U I R S O Y H B A I O G O P
W B T U U S W R F E A U I T A
B J E T O P O A A B L B E I H
F E C A I I D L W L S L V V C
F A T R D R N L L B L C Q A D
D R U E E E I O C A B L E T I
M F R T T V W C P A L A U E R
V E E I Z Q O R Y I P Z C D S
Z S O L B T D D J W N O Y D P
```

ARCHITECTURE	BEAM	CABLE
COLLAR	COVERED	DOVE
EMBROIDER	HAM	ITALIAN
LARYNX	LENGTH	LITERATURE
MATERIALS	MOTIVATED	PALAU
PALLET	PIN	RADAR
SPIRE	TEDIOUS	WINDOW

```
C H G H E R E I N F O R C E K
A E K O B S E W A S N I A H C
R Q M L P M U L P D K Q Q W O
H M L F Z Q L I L S D V B U I
O N P F G I P G N E Z O B Q N
K M G Q R S M A Q V P T A E A
M U Q O Y B I B Q K O O K X M
X T G J A S Y Y A N J L R K T
Q W J D I T Q N S B A B V P N
W H J N L A G I Y T W O N E M
C H U X G A L E G A L E C U D
O T O L R S U O R E G N A D A
L E T O P A G N I K O O C N S
X M O N G O L I A C K V N Q T
S E S D C H X I A F Y N N D P
```

ADD

CHAINSAW

COOKING-POT

DANGEROUS

EAT

GOAT

GORILLA

INVOLVED

KANGAROO

LEGAL

MANIOC

MONGOLIA

NOW

PIP

PROPELLER

REINFORCE

SAD

TALK

TONSILS

TUNISIAN

ZIMBABWEAN

```
P O J E T E O L S L V O J X L
F U M L W Y R A N O I T C I D
Z A C H N V W O O X W V U H K
B F A R O C I C I D Y N S R A
Y A U C G T R E T I A W I D Z
E E R K A R V B C R I C K E T
P Y U R C H I N N N W P Q P N
M A B E I I M E U Q I N U I C
R I D G O V U X F I M B V R L
V S J R Y P E Q Q D L H P T Y
K Y Q E L B A T R O F M O C M
Z A M T I B A N G L A D E S H
B L D F S M Y C E J A Y S O P
L A K U U A X E O J Z J P J M
P M Q L B L H B U N D R E S S
```

ARRIVE	BACON	BANGLADESH
BUSILY	COMFORTABLE	CRICKET
DICTIONARY	FUNCTIONS	HEEL
JAY	JOB	LAMB
MALAYSIA	QUICK	REGRETFUL
TRIPED	UNDRESS	UNIQUE
URCHIN	VIBRATION	WAITER

```
F S T B K G M W I O X O Q W U
Q V U R R E P U O R G L B A C
E T F A D E S S A R R A B M E
M Y I U Z J V B O K R D N V E
Q N R V J D H E D V G D C O M
S A E P D I L E R E K C A M P
U R L U U N T C G S Z C T Y U
R W S N R I I N O N E G I W E
P H I Q C T H A I R O D T H S
Y A B X L S C R H R K P M U T
C L E E V M D U B C Z B S S O
F J F E X C U S A B L E S E N
A O J L J Y C N E G A D E P I
N W O D U E D I S P U D R Q A
T Q W F X O T B A V U C D W N
```

AGENCY	CHAIN	CORK
CYPRUS	DRESS	EMBARRASSED
ESTONIAN	EXCITED	EXCUSABLE
FAN	FELT	GRAINS
GROUPER	INSURANCE	MACKEREL
NARWHAL	REVERSED	SPONGE
THAI	THICK	UPSIDE-DOWN

```
Q L D Y T I C I R T C E L E T
U R D K K R B B Y V P C Z B F
Z N E E T N A C W D O O I S P
P L E R R I U Q S K K L M N B
Y F N M O U N T E S V O B Y I
R P I S P J W Y P N Y G A V F
O K G U N L C C S S T I B A H
T W N V U Y O L N A I C W E W
A R E O R C B Y O D N A E H C
N O F X K T Z T M N L L Y R D
R D P T H I G H Y E L D E E N
E D A L L O W E D S N Q S U D
T I A V I R N R M S X T R E U
L X B K L E L A C I T P E K S
A B C O T H V W V R R J J Y E
```

ALLOWED	ALTERNATOR	CANTEEN
COCKTAIL	DRY	ECOLOGICAL
ELECTRICITY	ENGINE	HABITS
HEAVY	JERSEY	MOUNT
NEEDLE	RAW	SADNESS
SKEPTICAL	SQUIRREL	THIGH
UNEMPLOYMENT	USE	ZIMBABWE

R P K Z S P A D H R H R J F R
E C H A N G E R L J T J S S N
R O T A L U C L A C E E W X D
U L E V E L F Y M U G J J J D
T L N T N A S A E L P N U W H
P E K A A L B A N I A R H D T
L A C P R R E T L E H S L E L
U G W N E R O G J V Z O N F Z
C U L V A E O I A M C I I I I
S E X O H V K W R R R L V N D
V C O J O C D H N E E N P I N
I M N Q I M O A G B T S L T Z
H E A V I L Y N S G R E Y I A
F B R E S E A R C H E R D O W
P P I E I T U T O R B N T N B

ADVANCE	ALBANIA	CALCULATOR
CHANGE	COLD	COLLEAGUE
DEFINITION	DETERIORATE	FILE
GLOOMY	HEAVILY	KEEP
LEVEL	NARROW	RESEARCHER
SCULPTURE	SHELTER	TANGERINE
TAP	TUTOR	UNPLEASANT

```
R V A D N N F L P N Y M H C S
B P C W G D T C A L C U L U S
E U T H C O E I T I C P B P R
C Z Y B H D V N A I B R E S I
P A Z E I U E G D I R T R A P
V N M C R R M T A O L F H S M
M I E E R J A G U A R E S A B
V D P U R I O Q N P D K T I U
D R C F L A S Y I I G I W B U
L M M O A D K D Z X T R C J Q
P P R O F I T A B L E R A Y X
O C R L D P A W Y L Z T O D W
Z P W N G I S D I X S W S P E
K J E G K L T O G E T H E R S
A Y X O I O E G A L I T R A C
```

BUYER	CALCULUS	CAMERA
CARTILAGE	CURRENTLY	DECIDE
FLOAT	IRAQI	JAGUAR
JOY	KIDNEY	LIPID
PARTRIDGE	PERUVIAN	PROFITABLE
SERBIAN	SPORTING	TAILOR
TASTE	TOGETHER	UPGRADE

```
V P I C U W J R Y M G P Z S N
I O L J I G S D Q K P W B Y S
H T T K V T E M I J F U L R Q
S G Y V R L B M N F N L N Z D
E S D O I C M V J B A T N C Y
D O E V D I M I U R D V Q O L
A C I P F A S T U A R W A N T
L N M R R M T T N K A O I T N
G L O K C O A G N E M N Y R E
N N G I N N O O N D A D A O U
A S B I L L M I B I U E N L L
B B N R A L G M D A W R F S F
G G W N A E A A G Q V F I F G
D D P S B Z H T N I L U S N I
R G F H V C E A S P U L S E P
```

ANGOLA	BANGLADESHI	BEGIN
BRAKE	BRAZE	CHADIAN
CONTROLS	DRAMA	FLUENTLY
GAUDY	INSULIN	LIVING
MAT	NATURALLY	PULSE
SALMON	STALLION	UNBUTTONING
WANT	WING	WONDERFUL

```
K Q M G J U G F D G V G M Z N
B E G R X P P S T O N I P Y S
B U G A L U B I F N M R X W P
X T A P P R O X I M A T E L Y
E U N E A T A B L E A D Z K Q
R C U F V N E W A X E L K S T
Y H Z R V F C D U N S N U C N
C H K U G N N H J K E U M P R
C N S I S A T S O E M O H A E
Z X I T W O C I C I D A L R T
H N H R I Q O A A E C U E S T
I D W L F S P A R W P T T L A
D J E L L Y E N O O U D U E P
N T S S V T J P P R X K M Y A
S J A C K A L G N O S S E L H
```

APPROXIMATELY   DESK   FIBULA
GRAPEFRUIT   HOMEOSTASIS   JACKAL
JELLY   KNEECAP   KUWAIT
LESSON   MODERN   MUTE
PARSLEY   PATTERN   POPULAR
RETURN   RWANDA   SWEDEN
TOILETS   UNEATABLE   WHISK

```
E D S P I N G B Q M C U A J R
D B N C O M F O R T A B L Y Y
V K B O P T G E C L O S E D Y
Z F X F D R S R P V B K L B I
C X G F O T E R M R J U R Y B
T K T E P D N E V A E L C Z V
A D N E N G I N I U R L L X Y
R J C I I E P A F H M H B A B
R C R S H V P E L U D H J W Q
A G E S F T I L A M A C W I L
L R L S C L L C T P C U R R Y
L Q W I D I I Q U Z F O L D A
I T R E S Y H Y R E T R A I L
P P Z Y B E P R N V A C O K P
A Q S S E V I D L A M J N E J
```

ACCEPT	ARTERY	CLOSED
COFFEE	COMFORTABLY	CROUCH
CURRY	DRY-CLEANER	GRINDER
LAMA	LEAVE	MALDIVES
PHILIPPINES	PILLAR	PLAY
RESIGN	RUIN	SKULL
TERM	THINK	TURN

```
K G J Y G Y B S V Z T Y Y N S
K H T C Y L L A C D X P A H C
R S B M O L S G S Q C T X C I
C G Z C C A O A C P P N P J I
Z Z K A M N P P A S H A M E D
C S O A I O Q E P Y V S R Z N
C C H O S I N R T C X A E I A
H A N T L T O U C H U E H N L
B O M I R P W C R I F H T G O
C A H I T E H T B A R P B O P
N C K E M C E I A T A L L C V
U S T O W X R X T R N D J E D
F J C K I E E F C I C X F R C
V E W Y C B A D H S E I A H W
B X A L L D N E V T I G U E C
```

ASHAMED	BAHAMAS	BAR
BATCH	BECOME	BLOCK
CALL	CHILI	DRAG
EXCEPTIONALLY	FRANCE	NOWHERE
ONION	PERU	PHEASANT
POLAND	POSTMAN	PSYCHIATRIST
RECOGNIZE	SKIRT	TOUCH

```
D G U A T E M A L A G G T D E
S E N A T P N C T I K D O S S
E I C I T A M O T U A F A S X
K P P E S G N I M A R F P Y I
B A A V N I B L I Q A I B B X
R C A I N T R P F J D U P E F
G C W C K U E P W E B D H L J
T E G H O A A O R U Z S E G D
S S E L H N D Y I U I H N I X
A S F S V G L L B N S E O A U
O O V F E T D Y N W C A M N T
T R O P T I M I S T L R E D V
R I N S N C F U D B Z T N X U
K E P G H Q O V V U O U A D T
W S C R I P T W I T E R L H S
```

ACCESSORIES   AUTOMATIC   BELGIAN

BREAD   BUILDING   DECENT

FINNISH   FLOUR   FRAMING

GEESE   GUATEMALA   HEART

ONLY   OPTIMIST   PHENOMENAL

SCRIPTWITER   SEWING   SHELF

SPIDER   SURPRISING   TOAST

```
L A M J E G R H U N F J M O A
I W G D A Y P B X W X O J D R
R M C Q L A D D E R V Z D E R
A S B F P W O L F E K I E S I
Q N G Z U N S R R F T T S J V
Y H A M M E R E H I S R A M A
B T S Y W R X Q O N E E O Y L
Q C R H U P U N T D L C W O C
U I E E O G P R U M L N T V T
I R D S P S C A S H M E R E L
E A E G U O R E C Y C L I N G
T E S U P E R S T I T I O U S
L F B Y G Z G P D I H S X E T
Y L S U O E G A R U O C E Q G
R H Z Y G J C O E V A Q C E X
```

ADDITION	ARRIVAL	BEETROOT
CASHMERE	COURAGEOUSLY	ELSEWHERE
FEAR	FIND	GUYANA
HAMMER	HOT	LADDER
OVEREXPOSE	PROPERTY	QUIETLY
RECYCLING	SELL	SILENCER
STEER	SUPERSTITIOUS	YAWN

```
E V X R A U B G L H X K E I K
R T M B J F R E T A O Z T B S
U U P A R T I T I O N I O O E
Y I B S B S W A Q T H D R K D
A J N L D I C E L A N D I C L
U E B Y L S U O I R U C G N Z
X N W A F C W Z N S K G I V G
L G R A V E L S Z S D A N F S
U V R E K C A R C T U N A R Z
V E O O L C G I W W A M L C T
P Y T Q U N M U L O C H E L W
Q S T N A T R O F I B E L R S
Y T E T H G I R F X K L M U J
A I N A M O R N D N G E E N X
R Y L I R A S S E C E N N U O
```

COLUMN	CONSUMER	CURIOUSLY
ELBOW	FARE	FORT
FRIGHT	GNAT	GRAVEL
HAT	ICELANDIC	LANDING
LIKE	NUTCRACKER	ORIGINAL
PARTITION	ROMANIA	ROTTEN
ROUTINE	RUN	UNNECESSARILY

```
S U O E N A L L E C S I M Y Z
U C N L S X T N T O T A L L C
S E N B A G R K R B Q R A D K
P C R A B U S E A S O N I N G
E N H T S X O R I F Y A O E B
N M S C O Q O X N R X U L I B
D O V I L Q P Y I P N B H R C
P S D D U W E K N K A F A F T
Y C N E T Q N A G R Z G K Y E
G P P R E R T D E W G B W R R
F P T P L W U L D E A T H E R
F Q F N Y F O H R A S W N S I
A S O U Z T N E R R Y L L U B
N V B J I V R F Z M B V Q U L
G G R O D A D B W Y C P Y E E
```

ABSOLUTELY	BAROQUE	BRAGGER
BULLY	BUY	DEATH
HURT	MISCELLANEOUS	NOUN
OPEN	POST	RENT
SEASONING	SUSPEND	TERRIBLE
TOLERABLE	TOTAL	TRAINING
UNPREDICTABLE	USER-FRIENDLY	WEAR

O Y X O I U U Y V L E L C N L
Q X C F F O R T U N A T E L Y
T J K Y J G E X Q X B B U E Y
D B C T N A R R U C K C A L B
O V Q U X H U S C E H Q R X Z
K T H P H O T O G R A P H Y N
L Q G M I E R K M K Q P E Q H
A R W S W N A J I A B R E Z A
B C K A V V P N N E R V O U S
C U R C O L E A N U T O U G H
K D F L I K D C C R O L D E C
X C S P Z R J S O O E R J R N
U A J S O L B W D O L E Q M E
B P B J C K E A I M E O J A R
N P A C U L T U R A L R N N F

AZERBAIJAN   BLACKCURRANT   BRICK
COLON   CULTURAL   DEPARTURE
FORTUNATELY   FRENCH   GERMAN
HUNGRY   JORDAN   NERVOUS
OLD   PHOTOGRAPHY   ROOM
SLOVAK   STEWARD   TOE
TOUGH   TROWEL   TUNA

```
E X Y T S R I H T R L A N A E
N R B S W E C T R W R A K V Z
T K T I Y C R R O C E W P P I
H U C L Y E E I Q H T S R E S
U R H A Y N U M U N A M O M N
S G S N N T L L D T E I N Q E
I C I R E C S V I U H L U L F
A H L U Y V E S F A U I N I D
S A G O Q B F L O N T N C B J
T L N J V A X I L X D G I R A
I K E O C Q X V R A F N A A Z
C A U T O N O M Y E T I T R L
M X O O T T E R A W O I I I W
L R U H O R S E F L Y B O A X
Y T E P A C S E H J X C N N K
```

AUTONOMY	CANCELLATION	CHALK
ENGLISH	ENTHUSIASTIC	ESCAPE
FIRE	HEATER	HORSEFLY
LIBRARIAN	MIRTH	NEPAL
OTTER	PHOTOJOURNALIST	PRONUNCIATION
RECENT	SATISFACTORY	SHINY
SMILING	TAIL	THIRSTY

D K M M L Z H B D U M P M K L
F J Y O D Z O H C I E M L W T
R C G R E G N I S Z N G Y J C
N S K E L E T O N A Y Y E N T
G S P I C E S S E W Y K E Z N
Y U Z G Y Z T X A L G J N W R
Z P A Y C K S A L F D P D C T
H R M C E P D E T I M I L N U
K A B O R D I N A R Y K F E X
X C I E A M A C E D O N I A H
R S A G M J F R R R E C N A D
O D N J B X G O G I X I G O K
C W C M G F H P A R H T E R U
T O H A I L A R T S U A R I Z
L L H Q I Z N A P A J F E C O

AFGHAN	AUSTRALIA	CARPUS
CROP	DANCER	FINGER
FLASK	GREAT	HELP
JAPAN	MACEDONIA	ORDINARY
RAM	RECYCLED	SINGER
SKELETON	SPICES	SPREAD
UNLIMITED	URETHRA	ZAMBIAN

```
M E A S U R E I A H P P O T T
U W S I S I B Z C P A S R B Y
L R L L U F L I J S J I W X I
T P I D L F W W T R K J E O C
I H P A R T N E R S H I P B O
P V P M J E U N I Z B M A R N
L R E V S R B N G F B B P E V
I I R Z I U I X A V Y W M T E
C O S Z F M X Q P I C K S T R
A Y E F S S T M C O R J M A T
T D A B L I T A O U Q T B H E
I L E E U I S U T V P C S C D
O E E J A R G E N T I N E U H
N V F U W C C H H B I N O U A
E E D H Z Z G S T T A C G B D
```

ARGENTINE	ATTIC	AUSTRIAN
BE	BUFFALO	CHATTERBOX
CONVERTED	CUP	FLIGHT
FULL	MEASURE	MINISKIRT
MOVING	MULTIPLICATION	PARTNERSHIP
PASTEURIZED	SCRUB	SLEEVE
SLIPPERS	THESIS	TURKMEN

```
Q B N S P O R T S M A N A O U
J S M X Z T C K U H K W R L O
O E T A N O I S S A P M O C T
E R L M Y M B M F Y S T E A K
C I J X M T M R E C N P P H V
P O H E A K A A A T O P E G G
E U D P Y M W N U Z A F I E C
P S U U E L C H B R I B C U D
B L B W J E F J E F I L L E T
C Y O T L D F N T A E T I E D
Z R D J B Y T X O A T P I A S
K H I Q O L X F R G U I C U N
S W F A Y M O D A C A J N Z S
N I E I H O I O C H Z R N G F
J U Z A X C O O D A S V D P S
```

APPARENTLY	AXLE	BLOOD
BRAZILIAN	CANCEL	CHAIR
CLEAR	COMPASSIONATE	DRAGONFLY
EGG	FRAMEWORK	HEATING
MAURITIUS	OCCUPIED	SERIOUSLY
SHAFT	SKIMMED	SPEED
SPORTSMAN	STEAK	TIMETABLES

```
F U Z L Y K F O R E C A S T F
B F V K L V A U X A K K C E Q
W D C C T C I E L D E R L Y S
B A O N P M R T W S Y R I A A
W Q B E I C I E N O O C O C R
Y D K Z I T O I D H O A E A P
X H G S U J F A E I Z L I H G
U Z E D Y F C K R D B R I G B
H H E N C O G N I Q E L B L S
L C G S V V I Y T B H U E T N
K M G A R H P A I D M V A F I
F M E A P D A L V P E R M I A
C X G L O R T P E I C Y I L M
U U O M Z O U R S H B J N O E
S D E O J F I W M F V U G Q R
```

ALTITUDE	AVOCADO	BEAMING
BUMPER	COCOON	CREDIBLE
DIAPHRAGM	DOLPHIN	ELDERLY
EXERCISE	FORECAST	LIBERIA
LIFT	REMAINS	SIEVE
SNIFF	STARCH	SUGAR
SYRIA	TIRED	WOOL

```
V F R X T D C W T M O Y P U R
I Q I N A I L A R T S U A D N
P P V E R P Z A T R B I I I F
C C V E S P E E E N C V N R X
H F U S U P K G R M E V B E W
Q C K C S C N A G S E Z U C B
N G N I I I E N E N I L O T K
H R M T F L U A T B N G S R W
M G S N T G T I O L N U S E F
B V I A C S V H A I O J A D X
Q F O M Y E D W Z L C B B N J
O M Y O W X Y A A E E Q A E D
S D S R L E M E Y E N O E G G
U W G E R A J Y R K T V S Z C
Y L Z E K J C A T T R F Z W A
```

AMAZING	AUSTRALIAN	BOLT
DIRECT	DIVE	EGRET
FINGERS	FROZEN	GENDER
INNOCENT	INVENTIVE	JEALOUS
LAWYER	LEARN	LEEK
PEAR	ROMANTIC	SEABASS
SEATS	TARSUS	TICKET

```
G K M B F M Z B K T Y H G L R
E N O V D V B I I N C R L W I
E K O D T Q B S A A E U E V C
I T C C Q B I I O T N U O C N
K W H W N V N R S N I T A S A
R M A G A A P O J U Z J B Q I
E F K L U P R M R O F I N U V
T L M H A F A T Z C E M E N T
T P T W E M X V N C F W Z O A
U I Z D R E H T N A P X M M L
L R A I L I N G S L A D N A S
P B Y Z S O M E W H E R E N J
S W I T C H T Z E B E L L N F
N V M Q Y S Y R S Y F E R I D
A Q U Q G C S F U A C P P C C
```

ACCOUNTANT	APPROACH	BELL
CEMENT	CINNAMON	COUNT
DEFROSTER	LATVIAN	LITHUANIAN
MALAWI	PANTHER	RAILINGS
SANDALS	SATIN	SEW
SHEEP	SOMEWHERE	SPLUTTER
SWITCH	UNIFORM	VISIT

```
D W O Z D Y W P Y K K Q B D B
Q Y B B O N I T O K N F S B N
O P V D A I M R Y S O V F K G
G J Z G O T M H E U B L Y A H
P D R T H W E N L L G T P P T
X O O H X H D A R K A K F Z P
E T A L U C I T R A N N P T G
G H G R A U A D R P B I D T K
X D E S H I T O M R A M T W S
O R T P I N E A P P L E G H M
O L F A L L L W D N J X A I V
E J X R F H Y A W R O N T D Q
V T X Z Y N O I T P E C E R B
J Y Z I D E I F S I T A S X J
A I E V U G R S P E A K V N T
```

ARTICULATE	BONITO	CASTLE
DARK	FALL	FRYER
GATE	IMMEDIATELY	IRELAND
KNIT	MARMOT	NEW
NEXT	NORWAY	ORGAN
PIE	PINEAPPLE	RECEPTION
SATISFIED	SPEAK	TINY

S E C N E T N E S Z F V Q Q H
M H O L O N E L Y K V N Z G H
T S N E V I C B Q F C D C Y B
A I T S J J T D U T C H T L C
E F R H Y W H I S T L E S F C
A D A A R P U C T U T Y E S O
V R C U T E P O N E X O Q S V
S O T W H I A B S E P I C K A
O W R O I Q E D T T B M E K U
R S E E N A C A P L A K O Y S
O U J D R I B Y D A L J R C V
M D S A I D T B J O H D O O S
O V B T Y S S O R T A B L A W
C L S B Y P H O T O G E N I C
E N A L P F K H E K U G J I A

ALBATROSS	ALPACA	BUTTOCKS
COMOROS	COMPETITION	CONTRACT
DUTCH	LADYBIRD	LONELY
PHOTOGENIC	PLANE	RUSTY
SENTENCE	SWEDISH	SWORDFISH
THIN	THREAD	TIE
UNBEARABLE	WHISTLE	WORKBENCH

```
U Y H O E H W F T Z C W A F O
J N V E O V Q B X H V H H O H
T I F F L E R Y G O L O I B R
S J I C R X J G W J R L H O E
J N S K V V X N V B F E O C D
E M H O G U Z B E K I S T A N
C O M P A C T W Y F N A S N A
N R O U A R P E N C I L U O M
U O N N S W T L T P X E D M A
O C G I E H L F A T C R B F L
N C E Z I A R K U N E B U C A
N O R O W I J O H E K L O W S
A R P N D G R O O W L T E S M
G I H G S D Y C R M T Y O M J
A D E T A V O N E R M N A N O
```

ANNOUNCE	BIOLOGY	COMPACT
COOK	DUST	ETHIOPIA
FISHMONGER	FRIDGE	FUEL
LOW	MONACO	MOROCCO
MUSHROOM	OMELETTE	PENCIL
PLANKTON	RENOVATED	SALAMANDER
UZBEKISTAN	WALL	WHOLESALER

```
D R Q F Z U M C L I Z Y Z D V
W Q T R S Y D R G R K K H L T
S G K S L E E P Y B O U C K S
P V C A R P E N T E R K D Z P
C H X C I A U R E P S L Z V W
W Z X Y U V E V A T G J I O J
I T C C E V I T S R K S B L S
C T W Y C T E L Q B C A I U I
T S M H A R I U O O M Q O M G
Q A A G C T E A U B U I N E N
T K E E N U R S O E C S O A I
U N S E Y D G O U I W M R O T
N N L O I C I R L V A I E U I
K E N N X A D E R I H K H H O
K Y G G B D D O O R S R O R N
```

BAMBOO	BOARDING	BOLIVIA
BUG	CARPENTER	DELICIOUS
DOORS	HEM	HERON
HIRE	IGNITION	IRAN
LENTILS	LIQUEUR	NEGATIVE
RARE	SECRET	SLEEPY
TEARS	VISCOUS	VOLUME

```
D X R D N F U O R W U U W H V
T G M X K F P J F G L B S G G
X G N I M O C L E W F F A F B
F A N Q R V W W T J E A U I E
J R A K M E T A T A R S A L S
P D S T A R T E R O W W Q Z X
I E I B J C V L W F Z I I J K
Y N T G M R E D C U R R E N T
S E N L T O J A O O S U L Q Z
U R E I S W I S S D R W I Y U
W B D M G D E S U N R A H T V
L M U B H E C N E I C S L P S
U E T S A D R J A F Q O M E B
F K S H A R K I E K Q E A U J
A P H O T O G R A P H E R T G
```

COAT	CORAL	FRUITS
GARDENER	LIMBS	METATARSALS
NIGERIA	OVERCROWDED	PHOTOGRAPHER
PORK	REDCURRENT	SCIENCE
SHARK	SHY	SMUG
STARTER	STUDENT	SWISS
USED	WELCOMING	WOK

B Y W T F P Z U W R I T I N G
D Y I D N E A T E N M F O D J
G T X K O E Y G T S I K O M X
U I C U F O G E L O E B T U G
Y S Q I R D R I N K N U A R H
V R M P U E L E L J I E K C O
O E B A S N C O C L C J C A C
M V R T T S C I F E E I O S K
Y I I I R F E P O F I T C H C
Z N L E A N X R W V A V N C O
G U L N T T A E T O J C E I C
F X I T E B C C L I I I S M A
X H A L D H T I B Q A N K L E
T I N L E T L S D L O W I C P
U R T F N V Y Y E Q Y F P I W F

ANKLE	BRILLIANT	CABIN
COCKATOO	DRINK	EXACTLY
FRUSTRATED	INLET	INTELLIGENT
INTERESTING	PATIENT	PEACOCK
PRECISE	RECEIVE	SACRUM
SCAFFOLD	TONE	UNIVERSITY
VOICE	WAITRESS	WRITING

```
D P N A B D V R O U U N U F J
R Z I S L W E D Y V P I K Y L
S T A W W A T C E O H E R B U
E X E C U T I V E S R A H C H
L R C O G X C T L A D S T I S
B E O N Y T K P W E H C A T O
A A N V G L C R M A T C I S O
T G G I N L E O X P R N V I N
C W O N I V R C U P G P T L A
E U L C L D H R R R Q U A A T
L F E I L P B G A A T N L E C
E D S N E A J Y T S C Y B R G
D S E G P K Z A A P N S A U H
R Z N S S N R F I S T R U R E
H K E Q M S Q W Y P M O X G D
```

ABRUPT	ARM	CHEW
CONGOLESE	CONVINCING	COURTYARD
DELECTABLE	DROMEDARY	EXECUTIVE
FAST	FIST	LATVIA
QATAR	REALISTIC	SCARCELY
SILVERWARE	SOON	SPELLING
STINGRAY	TICK	WARP

```
M J O B D Y C I J E L P U C X
B Z G X L A N U K K G C D A V
B V N P J L L O R T E P E H B T
U V O T A N U C P I Q G R B Y
T K I Z D X V K I W O R K R R
T M S Q L I G H T H O U S E J
E H N B O T S W A N A O S V L
R V E W H T G H M T C F R I K
F C T V S I B R E I U C M A H
L M X A F D A S A V E M N T T
Y D E T P E U B Y D E B S E V
X R E R R F L T Z E D L S Y T
B D C O G E T W T L A B L H Z
L T F T S E T A L L Y C H E E
B P C G Q T P N E Z Z Q K Q D
```

ABBREVIATE	BOTSWANA	BREASTS
BUTTERFLY	CRY	CURIOUS
DISHEVELLED	EDIT	EXTENSION
FOREARM	FUSE	GIFTED
LATEST	LIGHTHOUSE	LYCHEE
MEET	MERGE	PETROL
PONY	SOCIABLE	WORK

```
E Y L Q R N O I T A P U C C O
L S V O U N F O R T U N A T E
J Z A D N E D C I D T I S S L
P N I K F R M I J L E G S A B
N O L A O V U X O F R E O E A
M I A N R E G E J M M R W B E
S T M O T O N M E X I I A J G
P C O I U J P M T M T A R A R
H U S I N G A P O R E N Y O A
N R E X A M I N A T I O N L H
C T B O T O R R A C H P G R C
Q S F O E V I T C E F F E B E
F N G S L E E H W O A U T J R
W O M A Y O N N A I S E C N P
R C W R C O Y F W B J R J F Y
```

BEAST	CARROT	CASSOWARY
CONSTRUCTION	EFFECTIVE	EXAMINATION
FOX	MAYONNAISE	MEXICO
NERVE	NIGERIAN	OCCUPATION
OIL	RECHARGEABLE	SINGAPORE
SOMALIA	TERMITE	TOGO
UNFORTUNATE	UNFORTUNATELY	WHEELS

```
M B Z S O D O Y G S C Z I O Z
N T H A I L A N D G G F Z R W
T E N G A P M A H C T H U N X
O R E E D N I E R E N M U E H
L M P H A R M A C I S T S S I
D I R E V O P O T S R R P O U
G N I L B U O R T I U D N O N
B A L I M O F Y T O X G G L F
P T H C A E T I C H I C K K Y
P I H O D B O W R E U P K K Y
R O J P P N T N E T N O C J S
V N V T H V Y S P E C I R T R
D F L E N I R A G R A M K C J
V S E R O L E M O N I D R S Q
P F J V X R S K R O W E M O H
```

CHAMPAGNE	CHICK	CONTENT
COURSE	HELICOPTER	HOMEWORKS
LEMON	LIMO	LOOSEN
MARGARINE	NUTRITION	PHARMACIST
REINDEER	SKIN	STOPOVER
TEACH	TERMINATION	THAILAND
TRICEPS	TROUBLING	TYRES

```
A F F G I U Y A N W G V Y O U
V Z Y F R S K Z N K W S E S D
Z F P A S Z M J V R Y H M M E
D K E L Q E M O S R E B M U C
A J E H O N D U R A S E O N U
P O R T U G U E S E X C N Z D
R C C A T I B E E Z C C K O O
I U O I C P R O B L E M E G R
C T T N S U P P L I E R Y H P
O E O A C I Z O E L I V M A L
T Y R U T I U R F L E J E N W
E G R H V L E Z H T M W D A M
V Q A T T D L R M L E K R I I
A K P I J W M V G Y M N K A A
V E A L E V I T N E T T A N I
```

APRICOT	BEE	CONCIERGE
CREEPY	CUMBERSOME	CUTE
FRUIT	GHANAIAN	HONDURAS
INATTENTIVE	LITHUANIA	MONKEY
OFTEN	PARROT	PORTUGUESE
PROBLEM	PRODUCE	RASPBERRY
SUPPLIER	VEAL	WELL

```
P L I E K A D R E A M Q V U Y
U K G N C K R C K E Q B N A Q
G T I Z A P H A I C E T O U B
R F B V J A B U R U N D I T K
E V R F R M F T T T I N T O V
D N E M E E X I S T G A A M R
I T I O B E Q O R E D P N A B
C N B N M T Z U O L A X O T B
G E J G U I W S A I Y E T I R
Z L V O L N A I N T Q Y N C I
R L K O N G G T S J I R I A N
B E J S U R E E L N A O K L O
Y C R E O R N E K S L Q N L S
B X L E C O N S T A N T L Y W
Y E G Q H K G A P U X N C U F
```

AUTOMATICALLY	BURUNDI	CAUTIOUS
CHARMING	CIDER	CONSTANTLY
DREAM	EQUATION	EXCELLENT
EXPAND	GEORGIA	GIN
HONESTY	INTONATION	KNIFE
LETTUCE	LUMBERJACK	MEETING
MONGOOSE	PAINTER	STRIKE

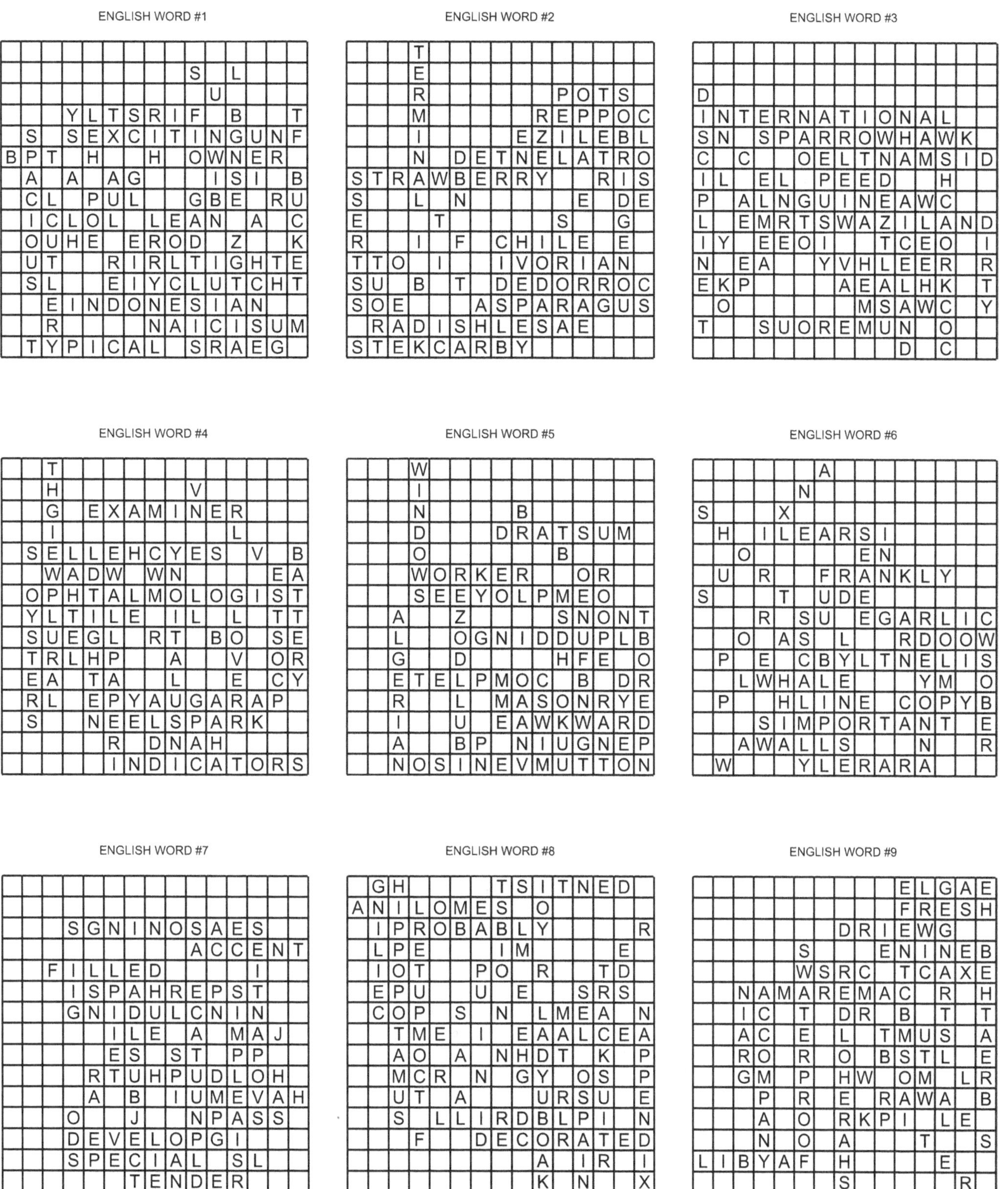

ENGLISH WORD #10
ENGLISH WORD #11
ENGLISH WORD #12
ENGLISH WORD #13
ENGLISH WORD #14
ENGLISH WORD #15
ENGLISH WORD #16
ENGLISH WORD #17
ENGLISH WORD #18

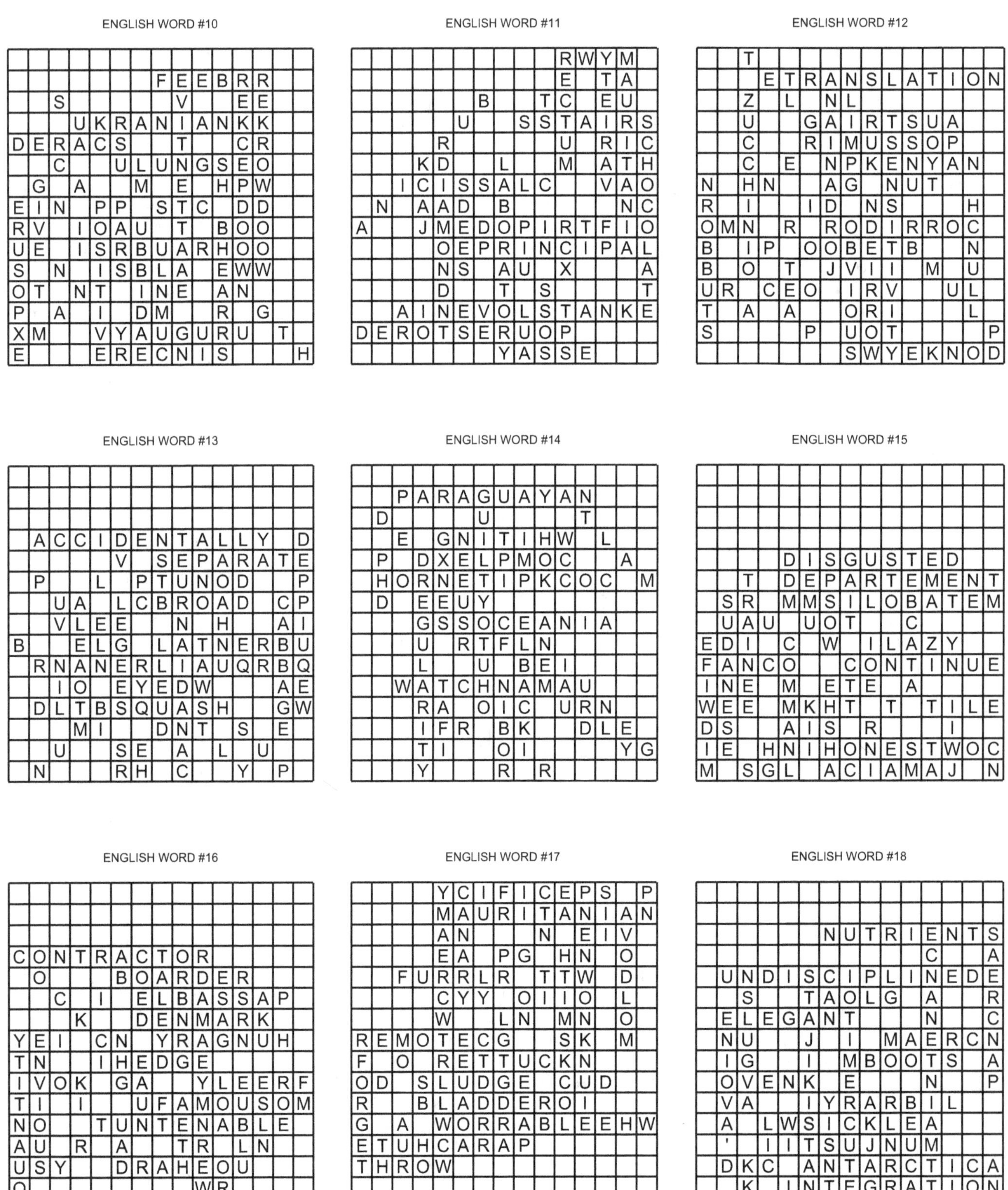

ENGLISH WORD #19

ENGLISH WORD #20

ENGLISH WORD #21

ENGLISH WORD #22

ENGLISH WORD #23

ENGLISH WORD #24

ENGLISH WORD #25

ENGLISH WORD #26

ENGLISH WORD #27

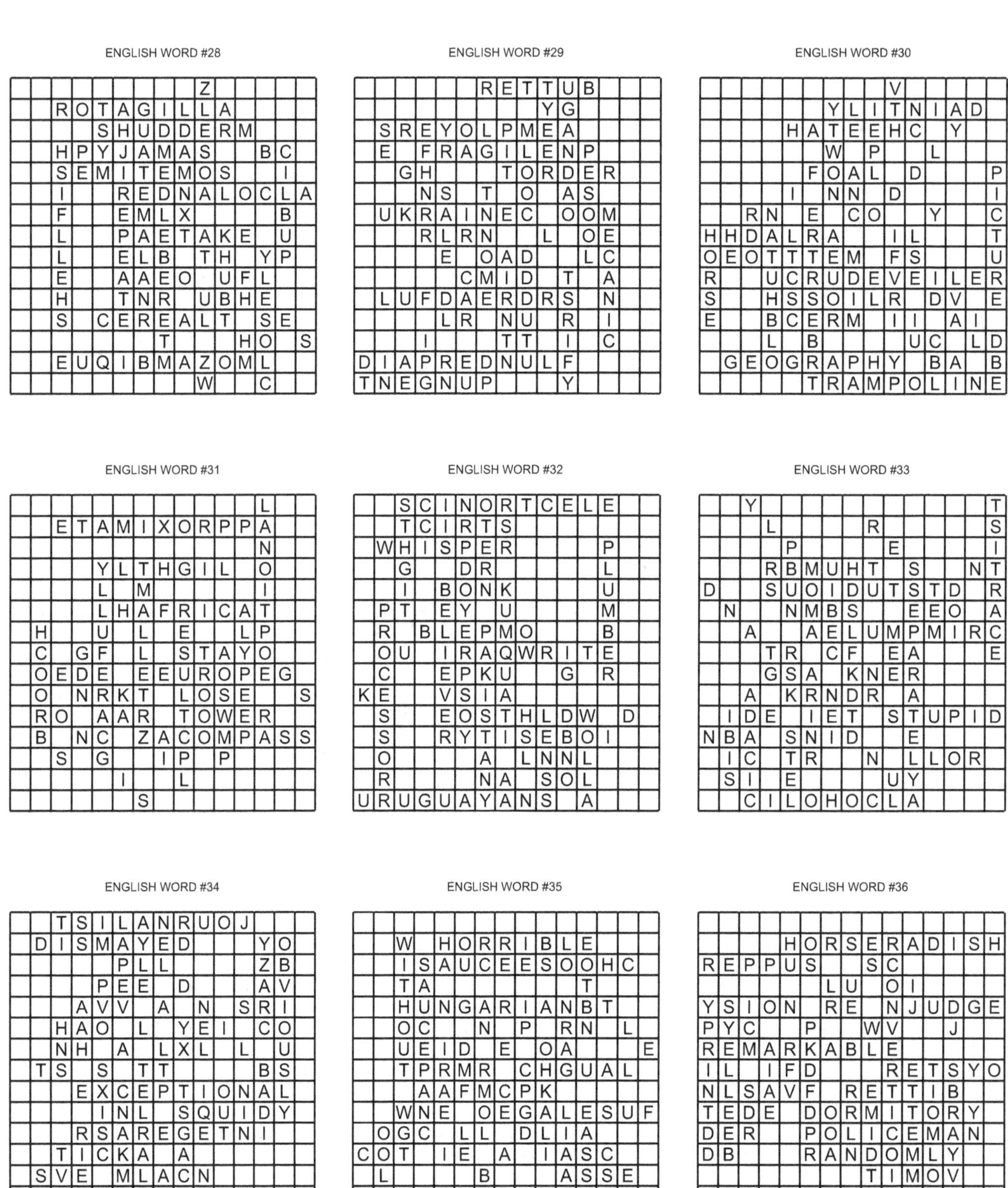

ENGLISH WORD #46

ENGLISH WORD #47

ENGLISH WORD #48

ENGLISH WORD #49

ENGLISH WORD #50

ENGLISH WORD #51

ENGLISH WORD #52

ENGLISH WORD #53

ENGLISH WORD #54

88

ENGLISH WORD #55

ENGLISH WORD #56

ENGLISH WORD #57

ENGLISH WORD #58

ENGLISH WORD #59

ENGLISH WORD #60

ENGLISH WORD #61

ENGLISH WORD #62

ENGLISH WORD #63

ENGLISH WORD #64

ENGLISH WORD #65

ENGLISH WORD #66

ENGLISH WORD #67

ENGLISH WORD #68

ENGLISH WORD #69

ENGLISH WORD #70

ENGLISH WORD #71

ENGLISH WORD #72

90

ENGLISH WORD #73

				K		P								
	G	N	I	M	O	C	L	E	W					
	A			R	V	W								
	R		K	M	E	T	A	T	A	R	S	A	L	S
	D	S	T	A	R	T	E	R						
	E				C				F					
	N	T			R	E	D	C	U	R	R	E	N	T
	E	N	L		O				O		U			
	R	E	I	S	W	I	S	S		R		I	Y	
		D	M	G	D	E	S	U			A	H	T	
		U	B		E	C	N	E	I	C	S	L		S
		T	S		D	R					O	M		
		S	H	A	R	K	I					A	U	
	P	H	O	T	O	G	R	A	P	H	E	R	T	G

ENGLISH WORD #74

			T					W	R	I	T	I	N	G
	Y			N					N			O		
	T				E			T		I		O	M	
	I			F		G	E		O		B	T	U	
	S			R	D	R	I	N	K	N		A	R	
	R		P	U	E	L	E	L			E	K	C	
	E	B	A	S		C	O	C	L			C	A	
	V	R	T	T	S		I	F	E	E		O	S	K
	I	I	I	R		E	P	O	F	I	T	C		C
	N	L	E	A		X	R		V	A	V	N		O
G	U	L	N	T		A	E	T			C	E	I	C
		I	T	E		C	C		I			S		A
		A		D		T	I			A	N	K	L	E
	I	N	L	E	T	L	S				W			P
		T				Y	E							

ENGLISH WORD #75

													Y	
						T					E	R		
E	X	E	C	U	T	I	V	E		R	A		C	
L		C	O			C			A	D			I	S
B		O	N	Y		K		W	E	H	C	A	T	O
A		N	V	G	L	C	R	M	A	T		I	S	O
T		G	I	N		E	O		P	R	N	V	I	N
C		O	N	I	V	R	C	U		G	P	T	L	
E		L	C	L	D		R	R	R	Q		A	A	
L		E	I	L		B		A	A	T		L	E	
E		S	N	E	A		Y	T	S	C	Y		R	
D		E	G	P			A	A			S	A		
				S		R	F	I	S	T	R		R	
										M				D

ENGLISH WORD #76

					Y	C								
						N	U						A	
B		N				L	O	R	T	E	P		B	
U		O						P	I				B	
T		I		D					W	O	R	K	R	
T		S		L	I	G	H	T	H	O	U	S	E	
E		N	B	O	T	S	W	A	N	A	O	S	V	
R		E			T	G	H	M		C			I	
F		T		S	I		R	E	I				A	
L	M	X	A	F	D	A	S	A	V		M		T	
Y		E	T		E	U	B			E			E	
	R	E	R	R	F	L			E		L			
B	D	C	O	G	E			T				L		
		F	T	S	E	T	A	L	L	Y	C	H	E	E
														D

ENGLISH WORD #77

					N	O	I	T	A	P	U	C	C	O
				U	N	F	O	R	T	U	N	A	T	E
		A		N	E		C	I		T	I	S	S	L
	N	I		F	R		I		L	E	G	S	A	B
	O	L		O	V		X	O	F	R	E	O	E	A
	I	A		R	E		E			M	R	W	B	E
	T	M		T			M			I	I	A		G
	C	O		U						T	A	R		R
	U	S	I	N	G	A	P	O	R	E	N	Y		A
	R	E	X	A	M	I	N	A	T	I	O	N		H
	T			T	O	R	R	A	C					C
	S		O	E	V	I	T	C	E	F	F	E		E
	N	G	S	L	E	E	H	W						R
	O	M	A	Y	O	N	N	A	I	S	E			
	C													

ENGLISH WORD #78

	T	H	A	I	L	A	N	D						
	E	N	G	A	P	M	A	H	C				N	
	R	E	E	D	N	I	E	R				U	E	
	M	P	H	A	R	M	A	C	I	S	T	S	S	
	I	R	E	V	O	P	O	T	S	R	R		O	
G	N	I	L	B	U	O	R	T	I	U			O	
	A	L	I	M	O			T	O				L	
	T	H	C	A	E	T	I	C	H	I	C	K		
	I		O			O								
	O		P		N	T	N	E	T	N	O	C		
	N		T			Y	S	P	E	C	I	R	T	
			E	N	I	R	A	G	R	A	M	K		
			R		L	E	M	O	N				S	
						S	K	R	O	W	E	M	O	H

ENGLISH WORD #79

		Y												
		P								Y				E
		E			E	M	O	S	R	E	B	M	U	C
A		E	H	O	N	D	U	R	A	S		O		U
P	O	R	T	U	G	U	E	S	E			N		D
R	C	C	A			B	E	E				K		O
I	U	O	I		P	R	O	B	L	E	M	E	G	R
C	T	T	N	S	U	P	P	L	I	E	R	Y	H	P
O	E	O	A	C			O		L				A	
T		R	U	T	I	U	R	F		E			N	
		R	H			E			T		W		A	
		A	T				R			E			I	
		P	I					G			N		A	
V	E	A	L	E	V	I	T	N	E	T	T	A	N	I

ENGLISH WORD #80

				K		D	R	E	A	M				
			N	C			C	K	E			N	A	
		I		A		H	A	I	C			O	U	
R	F			J	A	B	U	R	U	N	D	I	T	
E				R	M		T	T	T	I	N	T	O	
D			M	E	E		I	S	T	G	A	A	M	
I	T	I	O	B	E	Q	O		E		P	N	A	
C	N		N	M	T		U		L	A	X	O	T	
G	E		G	U	I		S	A	I	Y	E	T	I	
	L		O	L	N		I	N	T			N	C	
	L		O		G	G	T	S		I		I	A	
	E		S		R	E	E				O		L	
	C		E	O	R	N						N	L	
	X		E	C	O	N	S	T	A	N	T	L	Y	
	E	G		H										

ANGLAIS	FRANCAIS	ANGLAIS	FRANÇAIS
abbreviate	abréger	alter	retoucher
abnormally	anormalement	alternator	alternateur
about	environ	altitude	l'altitude
abrupt	brusque	always	toujours
absent	absent	amazing	incroyable
absolutely	absolument	America	L'Amérique
accelerate	accélérer	American	Américain
accent	accent	amethyst	améthyste
accept	accepter	amused	amusé
Accessories	accessoires	anchovy	anchois
accidentally	accidentellement	anchovy	l'anchois
accomodation	logement	anger	colère
accompany	accompagner	Angola	L'Angola
accountant	comptable	Angolan	Angolais
actor	acteur	angry	énervé
actress	actrice	ankle	cheville
adapter	adaptateur	announce	annoncer
add	ajouter	annoyed	agacé
addition	addition	answer	répondre
additional	supplémentaire	answer	réponse
adjective	adjectif	ant	fourmi
admirable	admirable	Antarctica	L'Antarctique
advance	avancer	antelope	antilope
adverb	adverbe	anvil	enclume
adviser	conseiller	anxious	anxieux
affirmative	affirmatif	aorta	l'aorte
Afghan	Afghan	aperture	L'ouverture
Afghanistan	L'Afghanistan	apparently	apparemment
afraid	peur	appendix	l'appendice
Africa	L'Afrique	appetizing	appétissant
after	après	applaud	applaudir
again	encore	apple	pomme
agency	agence	apprentice	apprenti
airport	aéroport	approach	s'approcher
Albania	L'Albanie	approximate	approximatif
albatross	albatros	approximately	approximativement
alcohol	l'alcool	apricot	abricot
alcoholic	alcoolisé	apron	tablier
algebra	l'algèbre	architect	architecte
Algeria	L'Algérie	architecture	l'architecture
Algerian	Algérien	Argentina	L'Argentine
alligator	alligator	Argentine	Argentine
allow	permettre	arithmetic	l'arithmétique
allowed	autorisé	arm	bras
alpaca	alpaga	armadillo	tatou

ANGLAIS	FRANCAIS	ANGLAIS	FRANÇAIS
Armenia	L'Arménie	banana	banane
arrival	l'arrivée	Bangladesh	Bangladesh
arrive	arriver	Bangladeshi	Bangladesh
art	l'art	bar	bar
artery	artère	bar	barre
artichoke	artichaut	bargain	affaire
article	article	barn	grange
articulate	articuler	baroque	baroque
artist	artiste	basil	basilic
ashamed	honteux	bat	chauve-souris
Asia	L'Asie	batch	fournée
asparagus	asperge	battery	batterie
astonished	étonné	be	être
astonished	stupéfait	beam	faisceau
attentive	attentif	beam	poutre
attic	grenier	beaming	radieux
attractive	séduisant	beanie	bonnet
Australia	L'Australie	beans	haricots
Australian	Australien	bear	ours
Austria	L'Autriche	beast	bête
Austrian	Autrichien	beautiful	beau
automatic	automatique	beautiful	magnifique
automatically	automatiquement	beaver	castor
autonomy	autonomie	become	devenir
average	moyen	bee	abeille
avocado	avocat	beef	bœuf
awkward	maladroit	beer	bière
axe	hache	beetle	scarabée
axle	essieu	beetroot	betterave
Azerbaijan	L'Azerbaïdjan	begin	commencer
baboon	babouin	Belarus	Biélorussie
back	dos	Belarusian	Biélorusse
bacon	bacon	Belgian	Belge
bad	mal	Belgium	Belgique
bad	mauvais	believer	croyant
bad	méchant	Belize	Belize
badger	blaireau	bell	cloche
baggage	bagages	belt	ceinture
Bahamas	Bahamas	bend	plier
Bahrain	Bahreïn	Benin	Bénin
baker	boulanger	beret	béret
balcony	balcon	Bhutan	Bhoutan
ballerinas	ballerines	biceps	biceps
bamboo	bambou	big	gros
banal	banal	bikini	bikini

ANGLAIS	FRANCAIS	ANGLAIS	FRANÇAIS
bile	bile	brand	marque
biology	biologie	brandy	cognac
bison	bison	brave	courageux
bite	mordre	braze	braser
bitter	amer	Brazil	Brésil
blackberry	mûre	Brazilian	Brésilien
blackboard	tableau	bread	pain
blackcurrant	cassis	break	casser
bladder	vessie	break	récréation
blade	lame	breakdown	panne
blazer	blazer	breakfast	petit déjeuner
blindly	aveuglement	breasts	seins
block	bloc	breathe	respirer
blood	sang	brick	brique
blouse	chemisier	bridge	pont
blow	souffler	briefly	brièvement
blowtorch	chalumeau	brilliant	brillant
blueberry	myrtille	bring	apporter
boar	sanglier	British	Britannique
board	embarquer	broad	large
boarder	pensionnaire	broccoli	brocoli
boarding	l'embarquement	broken	cassé
Bolivia	Bolivie	brooch	broche
Bolivian	Bolivien	Brunei	Brunei
bolt	boulon	bucket	seau
bolt	boulonner	buffalo	buffle
bone	os	bug	punaise
bonito	bonite	build	construire
book	livre	builder	constructeur
book	réserver	building	bâtiment
bookseller	libraire	Bulgaria	Bulgarie
boots	bottes	Bulgarian	Bulgare
bored	ennuyé	bull	taureau
boring	ennuyant	bulldozer	bulldozer
Botswana	Botswana	bully	brute
bottle	bouteille	bully	persécuter
bottom	bas	bumper	pare-choc
bowl	bol	Burkina	Burkina
bra	soutien-gorge	Burundi	Burundi
braces	bretelles	busily	activement
bracket	équerre	butcher	boucher
bragger	vantard	butter	beurre
brain	cerveau	butterfly	papillon
brake	freiner	buttocks	fesses
brakes	freins	button	bouton

ANGLAIS	FRANCAIS	ANGLAIS	FRANÇAIS
buy	acheter	castle	château
buyer	acheteur	cat	chat
by	près	catastrophic	catastrophique
cabbage	chou	catch	attraper
cabin	cabine	caterer	traiteur
cabin	l'habitacle	caterpillar	chenille
cabinet	cabinet	cathedral	cathédrale
cable	câble	cauliflower	chou-fleur
cake	gâteau	cautious	prudent
calculator	calculatrice	ceiling	plafond
calculus	calcul	celery	céleri
call	appeler	cellar	cave
calm	calme	cement	ciment
calmly	calmement	ceo	PDG
Cambodia	Cambodge	cereal	céréales
Cambodian	Cambodgien	certainly	certainement
camel	chameau	certificate	certificat
camera	caméra	Chad	Tchad
cameraman	cameraman	Chadian	Tchadien
Cameroon	Cameroun	chain	chaîne
Cameroonian	Camerounais	chainsaw	tronçonneuse
Canada	Canada	chair	chaise
Canadian	Canadien	chalk	craie
canary	canari	champagne	champagne
cancel	annuler	change	changer
canceled	annulé	character	caractériel
cancellation	l'annulation	charger	chargeur
canteen	cantine	charming	charmant
cap	casquette	chatterbox	bavard
capable	capable	cheese	fromage
captivating	captivant	cheetah	guépard
carafe	carafe	chemistry	chimie
career	carrière	chew	mâcher
carefully	prudemment	chick	poussin
caretaker	concierge	chicken	poulet
caretaker	gardien	Chile	Chili
carousel	carrousel	chili	piment
carpenter	charpentier	chimpanzee	chimpanzé
carpet	tapis	China	Chine
carpus	carpes	Chinese	Chinois
carrot	carotte	chisel	burin
cartilage	cartilage	chocolate	chocolat
cashmere	cachemire	choke	s'engorger
casserole	cocotte	choose	choisir
cassowary	casoar	cicada	cigale

ANGLAIS	FRANCAIS	ANGLAIS	FRANÇAIS
cider	cidre	commendable	louable
cinnamon	cannelle	commercial	commercial
circumference	circonférence	common	commun
cistern	citerne	Comoros	Comores
clam	palourde	compact	compact
clamp	serre-joint	company	entreprise
class	classe	company	société
class	first	compass	compas
classic	classique	compassionate	compatissant
cleaner	nettoyeur	competition	concurrence
clear	clair	complete	complet
clearly	clairement	completely	complètement
clementine	clémentine	complex	complexe
clever	intelligent	compulsory	obligatoire
clogs	sabots	computer	ordinateur
close	fermer	concentrate	concentrer
close	proche	concierge	concierge
closed	fermé	concrete	béton
closely	attentivement	confused	confus
clothing	vêtements	Congolese	Congolais
clutch	embrayage	conjugation	conjugaison
coat	manteau	Connectivity	connectivité
cockatoo	cacatoès	constantly	constamment
cockchafer	hanneton	construction	construction
cockpit	cockpit	consumer	consommateur
cockroach	cafard	content	content
cocktail	cocktail	contiguous	contigu
cocoon	cocon	continue	continuer
cod	cabillaud	contract	contrat
cod	morue	contractor	entrepreneur
coffee	café	contrast	contraste
Coke	Coca	controls	contrôles
colander	passoire	convert	convertir
cold	froid	converted	converti
collar	col	convincing	convaincant
colleague	collègue	cook	cuisiner
Colombia	Colombie	cook	cuisinier
Colombian	Colombien	cookie	biscuit
colon	colon	cooking-pot	marmite
colored	coloré	cool	refroidir
column	colonne	copper	cuivre
come	venir	copy	exemplaire
comfortable	confortable	coral	corail
comfortably	confortablement	cork	bouchon
comma	virgule	corked	bouché

ANGLAIS	FRANCAIS	ANGLAIS	FRANÇAIS
corkscrew	tire-bouchon	curiously	curieusement
cormorant	cormoran	currently	actuellement
correctly	correctement	curry	curry
corridor	couloir	customs	douane
corroded	oxydé	cut	couper
costs	frais	cute	mignon
cotton	coton	cutlery	couverts
count	compter	cutter	cutter
courageously	courageusement	cuttlefish	seiche
course	cours	Cyprus	Chypre
courtyard	cour	Czech	Tchèque
covered	couvert	daintily	délicatement
cow	vache	dance	danser
coward	lâche	dancer	danseur
coyote	coyote	dangerous	dangereux
crab	crabe	Danish	Danois
craftsman	artisan	dark	sombre
crane	grue	darn	raccommoder
crankshaft	vilebrequin	dash	tiret
crawfish	écrevisse	date	date
crawl	ramper	d'avoine	flocons
crayfish	écrevisse	dazzling	éblouissant
crazy	fou	deadlines	délais
cream	crème	deal	accord
creamy	crémeux	dear	cher
credible	crédible	death	mort
creepy	effrayant	decent	convenable
cricket	grillon	decide	décider
crimp	plier	declare	déclarer
Croatia	Croatie	decorated	décoré
Croatian	Croate	deep	profond
crocodile	crocodile	deer	chevreuil
crop	Rogner	deer	daim
crouch	s'accroupir	definition	définition
crummy	minable	defroster	dégivrage
cry	pleurer	delay	retard
Cuba	Cuba	delayed	retardé
cuckoo	coucou	delectable	délectable
cucumber	concombre	deliberately	délibérément
cultural	culturel	delicious	délicieux
cumbersome	encombrant	delighted	enchanté
cup	tasse	delighted	ravi
cupboard	placard	delivery	livraison
curious	curieuse	democratic	démocratique
curious	curieux	Denmark	Danemark

ANGLAIS	FRANCAIS	ANGLAIS	FRANÇAIS
dentist	dentiste	dove	colombe
departement	département	drag	traîner
departure	départ	dragonfly	libellule
depressed	déprimé	drama	drame
desk	bureau	drawbridge	pont-levis
destination	destination	drawer	tiroir
deteriorate	détériorer	dread	redouter
determined	déterminé	dreadful	épouvantable
determiner	déterminant	dream	rêver
develop	Développer	dress	robe
dialect	dialecte	drill	percer
diameter	diamètre	drill	perceuse
diamond	diamant	drink	boire
diaphragm	diaphragme	drink	boisson
dictionary	dictionnaire	drive	conduire
diesel	diesel	dromedary	dromadaire
different	différent	dry	sécher
differently	autrement	dry-cleaner	teinturier
difficult	difficile	DSLR	reflex
dilapidated	délabré	duck	canard
dinner	dîner	dumbfounded	ahuri
diploma	diplôme	dust	poussière
direct	direct	Dutch	Néerlandais
dirty	sale	dynamic	dynamique
discipline	discipline	eagle	aigle
discreet	discret	earwig	perce-oreille
disgusted	dégoûté	easel	chevalet
disgusting	dégoûtant	easily	facilement
dishevelled	débraillé	easy	facile
dismantle	démonter	eat	manger
dismayed	consterné	ecological	écologique
dismissal	renvoi	economic	économique
dispirited	découragé	Ecuador	L'équateur
dive	plonger	Ecuadorian	Équatorien
division	division	edible	comestible
do	faire	edit	Modifier,
dodge	esquiver	eel	anguille
dog	chien	effective	efficace
dolphin	dauphin	egg	œuf
dome	dôme	eggplant	aubergine
donkey	âne	egret	aigrette
donut	beignet	Egypt	L'Égypte
door-keeper	portier	Egyptian	Égyptien
doors	portes	elbow	coude
dormitory	dortoir	elderly	âgé

ANGLAIS	FRANCAIS	ANGLAIS	FRANÇAIS
electrical	électrique	excellent	excellent
electrician	électricien	exceptional	exceptionnel
electricity	l'électricité	exceptionally	exceptionnellement
electronics	électronique	excited	énervé
elegant	élégant	excited	excité
elephant	éléphant	exciting	passionnant
elsewhere	ailleurs	excusable	excusable
embarrassed	embarrassé	executive	cadre
embroider	broder	exercise	exercice
emerald	émeraude	exhilarating	exaltant
employee	employé	exist	exister
employers	patronat	exit	sortie
emu	émeu	expand	agrandir
energetic	énergique	explain	expliquer
engine	moteur	exposure	L'exposition
engineer	ingénieur	extension	extension
English	Anglais	extensive	vaste
enlarge	Agrandir	extensive	volumineux
enough	assez	extremely	extrêmement
enraged	furieux	facade	façade
enter	entrer	faded	délavé
enthusiastic	enthousiaste	fake	FAUX
entrance	l'entrée	fall	tomber
entrepreneur	entrepreneur	famous	célèbre
envious	envieux	fan	ventilateur
equation	équation	far	loin
equipped	équipé	fare	tarif
equivalent	équivalent	Fast	Rapide
Eritrea	L'Érythrée	fat	graisse
escape	échapper	faulty	défectueux
essay	dissertation	fear	peur
Estonia	L'Estonie	fees	frais
Estonian	Estonien	felt	feutre
Ethiopia	L'Éthiopie	feltip	feutre
Ethiopian	Éthiopien	feminine	féminin
Europe	L'Europe	femur	fémur
evade	s'évader	fence	clôture
eventually	finalement	ferret	furet
everywhere	partout	fibers	fibres
ewe	brebis	fibula	péroné
exact	exact	fig	figue
exactly	exactement	file	lime
examination	examen	file	limer
examiner	examinateur	fill	remplir
exasperated	exaspéré	filled	rempli

ANGLAIS	FRANCAIS	ANGLAIS	FRANÇAIS
filter	filtre	fort	fort
filter	filtrer	fortunately	heureusement
find	retrouver	fox	renard
find	trouver	fragile	fragile
finger	l'annulaire	frame	cadre
fingers	doigts	frame	Cadrer
finishings	finitions	frame	châssis
Finland	Finlande	framework	charpente
Finnish	Finnois	framing	encadrement
fire	renvoyer	France	France
fireman	pompier	frankly	franchement
fireplace	cheminée	freely	librement
first	premier	French	Français
firstly	premièrement	frequent	fréquent
fish	poisson	fresh	frais
fisherman	pêcheur	fridge	réfrigérateur
fishmonger	poissonnier	friendly	amical
fist	poing	friendly	chaleureux
fitting	essayage	fries	frittes
fix	fixer	fright	frayeur
fix	Réparer	frozen	congelé
flabbergasted	époustouflé	fruit	fruit
flannel	flanelle	fruits	fruits
flash	flash	frustrated	frustré
flask	flacon	fry	frire
flea	puce	fryer	friteuse
flesh	chair	fuel	carburant
flight	vol	full	plein
flip-flops	tongs	fun	amusant
float	flotter	functionality	fonctionnalité
florist	fleuriste	functions	fonctions
flour	farine	funnel	entonnoir
fluently	couramment	funny	drôle
fly	mouche	fur	fourrure
fly	voler	furious	furieux
foal	poulain	furniture	meubles
folder	dossier	fuse	fusible
follow	suivre	fuselage	fuselage
foolishly	bêtement	gable	gâble
forearm	l'avant-bras	Gabon	Gabon
forecast	prévoir	garden	jardin
forget	oublier	gardener	jardinier
fork	fourche	garlic	l'ail
fork	fourchette	gate	porte
former	ancien	gaudy	criard

ANGLAIS	FRANCAIS	ANGLAIS	FRANÇAIS
gears	vitesses	ground	sol
geese	oies	grounds	terrains
gender	genre	grouper	mérou
generous	généreux	grunt	grogner
genuine	authentique	Guatemala	Guatemala
geography	géographie	Guatemalan	Guatémaltèque
geometry	géométrie	guava	goyave
Georgia	Géorgie	guilty	coupable
German	Allemand	Guinea	Guinée
Germany	L'Allemagne	gutter	gouttière
Ghana	Ghana	Guyana	Guyane
Ghanaian	Ghanéen	gym	gymnase
gifted	doué	habits	habitudes
gigantic	gigantesque	haddock	l'églefin
gin	gin	hairdresser	coiffeur
giraffe	girafe	Haiti	Haïti
give	donner	ham	jambon
gland	glande	hammer	marteau
glass	verre	hamster	hamster
gloat	vanter	hand	main
gloomy	mélancolique	handkerchief	mouchoir
glove	gants	handle	manche
gloves	gants	handle	manipuler
gnat	moucheron	handle	poignée
go	aller	happiness	bonheur
goat	chèvre	happy	content
good	bon	happy	heureux
good	correct	hard	dur
goose	l'oie	Hard-working	travailleur
goose	oie	hat	chapeau
gorilla	gorille	have	avoir
gothic	gothique	headlights	phares
grain	grain	hear	entendre
grains	céréales	heart	cœur
grammar	grammaire	heat	chauffer
grapefruit	pamplemousse	heater	chauffage
grater	râpe	heating	chauffage
gravel	gravier	heavily	fortement
great	formidable	heavy	lourd
great	grand	hedge	haie
greatly	considérablement	hedgehog	hérisson
Greece	Grèce	heel	talon
Greek	Grec	helicopter	hélicoptère
greek	grec	help	aider
grinder	meuleuse	hem	ourler

ANGLAIS	FRANCAIS	ANGLAIS	FRANÇAIS
hen	poule	idiom	expression
hereditary	héréditaire	idiot	idiot
heron	héron	ignition	contact
herring	hareng	iguana	iguane
highlighter	surligneur	illegal	illégal
hip	hanche	immediate	immédiat
hippopotamus	hippopotame	immediately	tout de suite
hire	embaucher	important	important
history	historique	impossible	impossible
history	l'histoire	impressive	impressionnant
hold	tenir	inattentive	inattentif
homeostasis	l'homéostasie	incapable	incapable
homeworks	devoirs	incentive	prime
Honduran	Honduras	including	comprenant
Honduras	Honduras	independent	indépendant
honest	honnête	India	L'Inde
honesty	franchise	Indian	Indien
honey	miel	indicators	clignotants
hook	agrafe	indifferent	indifférent
hopelessly	désespérément	Indonesia	L'Indonésie
horn	klaxon	Indonesian	Indonésien
hornet	frelon	industrial	industriel
horrible	horrible	industry	l'industrie
horse	cheval	inexpensive	bon marché
horsefly	taon	ingredients	ingrédients
horseradish	raifort	inlet	l'admission
hot	chaud	innocent	innocent
house	maison	insignificant	insignifiant
hub	moyeu	inspector	inspecteur
hubcap	enjoliveur	insufficient	insuffisant
hue	teinte	insulation	l'isolation
huge	énorme	insulin	l'insuline
huge	immense	insurance	assurance
humerus	humérus	insurance	l'assurance
hummingbird	colibri	integer	entier
Hungarian	Hongrois	integration	l'insertion
Hungary	Hongrie	intelligent	intelligent
hungry	faim	interested	intéressé
hurt	blesser	interesting	intéressant
hyena	hyène	interface	L'interface
ibis	ibis	international	international
Iceland	L'Islande	intonation	l'intonation
Icelandic	Islandais	inventive	inventif
ideal	idéal	involved	impliqué
identical	identique	Iran	L'Iran

ANGLAIS	FRANCAIS	ANGLAIS	FRANÇAIS
Iranian	Iranien	keep	donjon
Iraq	L'Iraq	keep	garder
Iraqi	Irakien	Kenya	Kenya
Ireland	L'Irlande	Kenyan	Kényan
Irish	Irlandais	kettle	bouilloire
iron	fer	keyword	mot-clé
irresistible	irrésistible	kidney	rein
Israel	Israël	kidneys	reins
Israeli	Israélien	kidneys	rognons
Italian	Italien	kind	aimable
Italy	L'Italie	kingfisher	martin-pêcheur
Ivorian	Ivoirien	kiss	embrasser
jack	cric	kiwi	kiwi
jackal	chacal	knee	genou
jaguar	jaguar	kneecap	rotule
jam	confiture	knife	couteau
Jamaica	Jamaïque	knit	tricoter
Jamaican	Jamaïcain	know	connaître
Japan	Japon	know	savoir
Japanese	Japonais	knuckles	phalanges
jar	bocal	koala	koala
jay	geai	kumquat	kumquat
jealous	jaloux	Kuwait	Koweït
jelly	gelée	Kyrgyzstan	Kirghizstan
jellyfish	méduse	laboratory	laboratoire
jersey	tricot	lace	dentelle
jewellery	bijoux	ladder	échelle
job	emploi	ladder	l'échelle
join	raccorder	ladybird	coccinelle
joint	articulation	lama	lama
joint	joint	lamb	agneau
joke	plaisanter	lamb	l'agneau
joke	plaisanterie	land	atterrir
Jordan	Jordanie	landing	l'atterrissage
Jordanian	Jordanien	languages	langues
journalist	journaliste	Lao	Laos
joy	joie	Laos	Laos
joyful	joyeux	larynx	larynx
judge	juge	last	durer
juice	jus	latest	dernier
jump	sauter	latin	latin
kaki	kaki	Latvia	Lettonie
kangaroo	kangourou	Latvian	Letton
Kazakh	Kazakh	laugh	rire
Kazakhstan	Kazakhstan	lawn	pelouse

ANGLAIS	FRANCAIS	ANGLAIS	FRANÇAIS
lawsuit	procès	liqueur	liqueur
lawyer	avocat	listen	écouter
lazy	paresseux	literature	littérature
learn	apprendre	Lithuania	Lituanie
leather	cuir	Lithuanian	Lituanien
leave	laisser	little	petit
leave	partir	little	peu
Lebanon	Liban	live	vivre
lecture	conférence	liver	foie
leek	poireau	living	vivant
leg	jambe	lizard	lézard
legal	légal	loafer	mocassins
lemon	citron	lobster	homard
length	longueur	local	local
lens	objectif	locker	casier
lentils	lentilles	locksmith	serrurier
leopard	léopard	lonely	solitaire
Lesotho	Lesotho	long	long
lesson	leçon	loose	ample
lethal	mortel	loosen	desserrer
lettuce	laitue	lose	perdre
level	niveau	loudly	bruyamment
Liberia	Liberia	loving	aimant
librarian	bibliothécaire	low	en...
library	bibliothèque	low	faible
Libya	Libye	lubricate	graisser
Libyan	Libyen	lucky	chanceux
lice	poux	luggage	bagage
lick	lécher	lumberjack	bûcheron
lid	couvercle	lunch	déjeuner
lift	ascenseur	lungs	poumons
ligament	ligament	Luxembourg	Luxembourg
light	allégé	lychee	litchi
light	léger	Macedonia	Macédoine
light	lumière	mackerel	maquereau
lighthouse	phare	Madagascar	Madagascar
lightly	légèrement	magpie	pie
like	aimer	maintenance	entretien
limbs	membres	Malagasy	Malgache
limo	limousine	Malawi	Malawi
line	doubler	Malaysia	Malaisie
line	ligne	Malaysian	Malaisien
lining	doublure	Maldives	Maldives
lion	lion	Mali	Mali
lipid	lipides	Malian	Malien

ANGLAIS	FRANCAIS	ANGLAIS	FRANÇAIS
mallet	maillet	miscellaneous	divers
Malta	Malte	miserable	misérable
manager	directeur	missing	disparu
mango	mangue	mistake	erreur
mangosteen	mangoustan	model	mannequin
manioc	manioc	modern	moderne
map	carte	Moldova	Moldavie
mare	jument	Monaco	Monaco
margarine	margarine	Mongolia	Mongolie
marmot	marmotte	mongoose	mangouste
masculine	masculin	monkey	singe
masonry	maçonnerie	monument	monument
mat	tapis	Moroccan	Marocain
materials	matériaux	Morocco	Maroc
mature	mûr	mortar	mortier
Mauritania	Mauritanie	mosquito	moustique
Mauritanian	Mauritanien	motivated	motivé
Mauritius	Maurice	mount	monture
mayonnaise	mayonnaise	mouse	souris
mayor	maire	moving	émouvant
measure	mesurer	Mozambique	Mozambique
meat	viande	mucus	mucus
mecanic	mécanicien	mule	mulet
mechanic	mécanicien	multiplication	multiplication
medecine	médecine	mumble	marmonner
meet	rencontrer	muscle	muscle
meeting	réunion	mushroom	champignon
melon	melon	music	musique
mend	dépanner	musician	musicien
menu	menu	mussel	moule
merge	fusionner	mussels	moules
merger	fusion	must	devoir
metabolism	métabolisme	mustard	moutarde
metacarpals	métacarpes	mute	muet
metatarsals	métatarses	mutton	mouton
Mexican	Mexicain	mysterious	mystérieux
Mexico	Mexique	mysteriously	mystérieusement
midwife	sage-femme	nail	clou
mileage	consommation	nail	clouer
milk	lait	Namibia	Namibie
miner	mineur	Namibian	Namibien
minerals	minéraux	narrow	étroit
miniskirt	minijupe	narwhal	narval
mint	menthe	natural	naturel
mirth	gaieté	naturally	naturellement

ANGLAIS	FRANCAIS	ANGLAIS	FRANÇAIS
neatly	proprement	obesity	l'obésité
necessary	nécessaire	obvious	évident
necklace	collier	obviously	évidemment
needle	aiguille	occupation	profession
negative	négatif	occupied	occupé
negligible	négligeable	Oceania	L'Océanie
Nepal	Népal	octopus	pieuvre
nerve	nerf	oddly	bizarrement
nervous	nerveux	oesophagus	l'œsophage
neuter	neutre	office	bureau
never	jamais	official	officiel
new	nouveau	often	souvent
next	ensuite	oil	l'huile
next	prochain	oils	huiles
Nicaragua	Nicaragua	old	vieux
Nicaraguan	Nicaraguayen	Oman	Oman
nice	gentil	Omani	Omani
nice	plaisant	omelette	omelette
nice	sympathique	onion	oignon
Nigeria	Nigeria	only	seulement
Nigerian	Nigérian	open	ouvert
Nigerien	Nigérien	open	ouvrir
noise	bruit	ophtalmologist	ophtalmologue
noisy	bruyant	opportunity	opportunité
normally	normalement	optician	opticien
Norway	Norvège	optimist	optimiste
Norwegian	Norvégien	optimistic,	optimiste
nose	nez	optional	facultatif
nostalgic	nostalgique	orange	orange
notary	notaire	orchard	verger
noun	nom	order	commander
now	maintenant	Ordinary	ordinaire
nowhere	nulle part	organ	organe
number	nombre	original	original
numerous	nombreux	osprey	balbuzard
nurse	infirmière	ostrich	autruche
nut	écrou	otter	loutre
nut	l'écrou	oven	four
nutcracker	casse-noix	overcoat	pardessus
nutrients	nutriments	overcrowded	surpeuplé
nutrition	nutrition	overexpose	Surexposer
nutritious	nutritif	overweight	surpoids
nylon	nylon	own	propre
oak	chêne	owner	propriétaire
oats	l'avoine	ox	buffle

ANGLAIS	FRANCAIS	ANGLAIS	FRANÇAIS
oyster	huître	patiently	patiemment
oysters	huîtres	pattern	patron
paedetrician	pédiatre	pay	payer
pained	peiné	peach	pêche
paint	peindre	peacock	paon
paint	peinture	pear	poire
painter	peintre	pedals	pédales
painting	peinture	pelican	pélican
Pakistan	Pakistan	pen	stylo
Pakistani	Pakistanais	pencil	crayon
Palau	Palau	penguin	pingouin
pallet	palette	penis	pénis
palm	paume	pepper	poivre
Panama	Panama	pepper	poivron
Panamanian	Panaméen	peppery	poivré
pancake	crêpe	perfect	parfait
pancreas	pancréas	perfectly	parfaitement
panda	panda	perhaps	peut-être
panel	panneau	period	période
panther	panthère	persevering	persévérant
panties	culotte	Peru	Pérou
pantyhose	collant	Peruvian	Péruvien
papaya	papaye	pessimist	pessimiste
paperwork	paperasserie	pesticides	pesticides
parachute	parachute	petrel	pétrel
Paraguay	Paraguay	petrol	l'essence
Paraguayan	Paraguayen	pharmacist	pharmacien
park	garer	PHD	doctorat
park	parc	pheasant	faisan
parrot	perroquet	phenomenal	phénoménal
parsley	persil	Philippine	Philippines
partition	cloison	Philippines	Philippines
partner	associé	photo	photo
partnership	partenariat	Photogenic	Photogénique
partridge	perdrix	photographer	photographe
pass	passer	Photography	photographie
passable	passable	photojournalist	photojournaliste
passenger	passager	physics	physique
passionate	passionné	physiotherapist	kinésithérapeute
passport	passeport	pickaxe	pioche
pasta	pâtes	picture	L'image
pasteurized	pasteurisé	pie	tourte
pastry	pâtisserie	pigeon	pigeon
patella	rotule	piglet	porcelet
patient	patient	pillar	pilier

ANGLAIS	FRANCAIS	ANGLAIS	FRANÇAIS
pilot	pilote	positive	positif
pin	épingle	possible	possible
pin	goupille	possum	opossum
pineapple	ananas	post	poster
pip	pépin	postman	facteur
pipe	tuyau	pot	pot
pitcher	pichet	potassium	potassium
plain	simple	pour	verser
plane	rabot	powerful	puissant
plane	raboter	practice	pratique
plankton	plancton	precise	précis
plaster	plâtre	premises	locaux
play	jouer	present	présent
player	joueur	pretentious	prétentieux
playground	récréation	prevent	empêcher
pleasant	agréable	principal	directeur
pleasant	confortable	print	Imprimer
pleasure	plaisir	private	privé
plug	cheville	prize	prix
plum	prune	probably	probablement
plumber	plombier	problem	problème
plumbing	plomberie	processor	processeur
plural	pluriel	prodigious	prodigieux
plywood	contre-plaqué	produce	produire
point	pointer	producer	producteur
Poland	Pologne	product	produit
policeman	policier	professor	professeur
policy	politique	profit	bénéfice
polish	cirage	profitability	rentabilité
polish	cirer	profitable	rentable
Polish	Polonais	prohibited	interdit
polluted	pollué	project	projet
polyester	polyester	pronoun	pronom
pomegranate	grenade	pronounce	prononcer
pony	poney	pronunciation	prononciation
poor	pauvre	propeller	hélice
popular	populaire	property	bien
porch	porche	property	propriété
porcupine	porc-épic	prostate	prostate
pork	porc	proteins	protéines
port	porto	protractor	rapporteur
portal	portail	proud	fier
portrait	portrait	psychiatrist	psychiatre
Portugal	Portugal	public	public
Portuguese	Portugais	publisher	éditeur

ANGLAIS	FRANCAIS	ANGLAIS	FRANÇAIS
pudding	pudding	reception	l'accueil
pull	tirer	receptionist	réceptionniste
pulley	poulie	Rechargeable	Rechargeable
pulse	pouls	recipe	recette
pungent	piquant	recognize	reconnaître
punishement	punition	rectum	rectum
pupil	élève	recycled	recyclé
pursue	poursuivre	recycling	recyclage
push	pousser	redcurrent	groseille
put	mettre	refreshments	rafraîchissements
puzzled	perplexe	refuse	refuser
pyjamas	pyjama	registration	enregistrement
Qatar	Qatar	regretful	regret
quail	caille	regularity	régularité
quantity	quantité	reindeer	renne
question	question	reinforce	renforcer
quick	rapide	relevant	pertinent
quietly	tranquillement	reliable	fiable
quote/estimate	devis	relieved	soulagé
rabbit	lapin	religious	religieux
radar	radar	remains	vestiges
radish	radis	remarkable	remarquable
radius	radius	remote	éloigné
radius	rayon	renovate	rénover
rafter	chevron	renovated	rénové
railings	garde-corps	renovation	rénovation
raincoat	imperméable	rent	louer
ram	bélier	rental	location
ram	vérin	repairman	réparateur
ramp	rampe	repeat	répéter
randomly	au hasard	researcher	chercheur
rapidly	rapidement	resign	démissionner
rare	rare	resolution	résolution
rarely	rarement	responsible	responsable
raspberry	framboise	rest	repos
ration	ration	restore	restaurer
rattling	cliquetis	restored	restauré
raw	cru	result	résultat
read	lire	retailer	détaillant
real	vrai	return	retourner
realistic	réaliste	reversed	inversé
really	vraiment	rhinoceros	rhinocéros
receive	recevoir	rhubarb	rhubarbe
recent	récent	rib	côte
recently	dernièrement	ribs	côtes

ANGLAIS	FRANCAIS	ANGLAIS	FRANÇAIS
rice	riz	sauce	sauce
rich	riche	saucepan	casserole
roasted	rôti	saucepans	casseroles
robin	rouge-gorge	sausage	saucisse
roebuck	chevreuil	saw	scie
roll	rouler	saw	scier
Romania	Roumanie	say	dire
Romanian	Roumain	scaffold	échafaud
romantic	romantique	scaffolding	échafaudage
roof	toit	scarcely	à peine
room	pièce	scared	effrayé
rosemary	romarin	scarf	écharpe
rotten	pourri	schooling	scolarité
routine	routine	science	science
ruby	rubis	scientist	scientifique
ruin	ruine	scissors	ciseaux
ruler	règle	scorpion	scorpion
rum	rhum	Scottish	Écossais
rumpled	fripé	scraper	spatule
run	courir	screen	écran
Russia	Russie	screw	vis
Russian	Russe	screw	visser
rust	rouille	screwdriver	tournevis
rusty	rouillé	scriptwiter	scénariste
Rwanda	Rwanda	scrub	frotter
sacrum	sacrum	sculptor	sculpteur
sad	triste	sculpture	sculpture
sadness	tristesse	seabass	bar
sailor	marin	seahorse	hippocampe
salad	salade	seal	phoque
salamander	salamandre	seal	sceller
salmon	saumon	seam	couture
salt	sel	seamstress	couturière
salty	salé	search	chercher
Salvadoran	Salvadorien	seasoning	l'assaisonnement
Samoa	Samoa	Seasonings	épices
sandals	sandales	seat	siège
sandwich	sandwich	seats	sièges
santé	bonne	seaweed	algue
sapphire	saphir	sec	sec
sardine	sardine	secret	secret
satin	satin	secretary	secrétaire
satisfaction	satisfaction	see	voir
satisfactory	satisfaisant	seeds	graines
satisfied	satisfait	selfish	égoïste

ANGLAIS	FRANCAIS	ANGLAIS	FRANÇAIS
sell	vendre	sieve	tamis
semen	sperme	sign	signer
semolina	semoule	signature	signature
send	envoyer	silencer	silencieux
Senegal	Sénégal	silently	silencieusement
Senegalese	Sénégalais	silk	soie
sensitivity	sensibilité	silverware	l'argenterie
sensor	capteur	similar	similaire
sentence	phrase	simple	simple
separate	écarter	simply	simplement
separately	séparément	sincere	sincère
Serbian	Serbe	sincerity	sincérité
serious	sérieux	sing	chanter
seriously	sérieusement	Singapore	Singapour
service	réviser	singer	chanteur
sew	coudre	singular	singulier
sewing	couture	sink	évier
Seychelles	Seychelles	size	taille
shaft	l'arbre	skeleton	squelette
shake	secouer	skeptical	sceptique
shallot	échalote	skill	qualification
shareholder	actionnaire	skimmed	écrémé
shark	requin	skin	peau
shawl	châle	skirt	jupe
sheep	mouton	skull	crâne
shelf	étagère	sleep	dormir
shellfish	crustacés	sleepy	somnolent
shelter	abri	sleeve	manche
shiny	lustré	slide	diapositive
shirt	chemise	slide	glisser
shoelaces	lacets	slip	combinaison
short	court	slipover	débardeur
shorts	short	slippers	pantoufles
shorts	slip	Slovak	Slovaque
shoulder	l'épaule	Slovakia	Slovaquie
shovel	pelle	Slovenia	Slovénie
show	démonstration	slow	lent
show	montrer	slowly	lentement
shrimp	crevette	sludge	cambouis
shudder	frissonner	slug	limace
shuttle	navette	smell	sentir
shy	peureux	smiling	souriant
shy	timide	smug	suffisant
sick	malade	snack	casse-croûte
sickle	faucille	snail	escargot

ANGLAIS	FRANCAIS	ANGLAIS	FRANÇAIS
snake	serpent	sportsman	sportif
sniff	renifler	spread	étaler
sob	sangloter	sprinkle	saupoudrer
sober	sobre	sprinkler	arroseur
sociable	sociable	square	carré
sociology	sociologie	squash	courge
socks	chaussettes	squid	calamar
sodium	sodium	squirrel	écureuil
softly	doucement	stabilizer	stabilisateur
soldier	soldat	stairs	escaliers
sole	sole	stallion	étalon
solid	solide	standing	debout
Somalia	Somalie	stapler	agrafeuse
Somalian	Somalien	starch	l'amidon
sometimes	temps	starter	démarreur
somewhere	quelque part	stationary	immobile
soon	bientôt	stay	rester
sorry	Pardon	steak	bifteck
soundness	bonne santé	steal	voler
sow	truie	steeple	clocher
soy	soja	steer	diriger
space	espace	stepladder	l'escabeau
spacious	spacieux	stew	ragoût
Spain	L'Espagne	steward	steward
Spanish	Espagnol	stewpot	faitout
spanner	clé	stingray	raie
spark	bougie	stitch	point
sparrow	moineau	stockings	bas
sparrowhawk	épervier	stomach	l'estomac
spatula	spatule	stop	arrêter
speak	parler	stopover	escale
special	spécial	storey	étage
specific	spécifique	stork	cigogne
speed	vitesse	strainer	passoire
spelling	l'orthographe	strange	étrange
spices	épices	strawberry	fraise
spicy	épicé	strength	force
spider	araignée	stress	stress
spinach	épinards	strict	stricte
spire	flèche	strictly	strictement
spleen	rate	strike	grève
splendid	splendide	string	ficelle
splutter	postillonner	strong	fort
sponge	éponge	stubborn	têtu
sporting	sportif	student	étudiant

ANGLAIS	FRANCAIS	ANGLAIS	FRANÇAIS
studious	studieux	swordfish	espadon
stupid	stupide	Syria	Syrie
stutter	bégayer	Syrian	Syrien
subject	matière	table	table
subject	sujet	tableclothe	nappe
subsidiary	filiale	tail	queue
substraction	soustraction	tailor	tailleur
suburb	banlieue	Tajikistan	Tadjikistan
succeed	réussir	take	prendre
Sudan	Soudan	talented	talentueux
Sudanese	Soudanais	talk	parler
suddenly	soudainement	tangerine	mandarine
suede	daim	tank	réservoir
sugar	sucre	tanned	bronzé
suitable	approprié	Tanzania	Tanzanie
suitcase	valise	tap	robinet
sum	somme	tarsus	tarses
super	super	tart	tarte
superb	superbe	taste	goût
superficial	superficiel	taste	goûter
superstitious	superstitieux	tasteless	fade
supper	souper	tasty	délicieux
supplier	fournisseur	teach	enseigner
supportable	supportable	teacher	Enseignant
surface	surface	teacher	school
surgeon	chirurgien	teapot	théière
Suriname	Suriname	tears	larmes
surprised	surpris	tedious	pénible
surprising	surprenant	temporary	temporaire
surprisingly	étonnamment	tender	tendre
suspend	temporairement	tendon	tendon
suspicious	méfiant	term	terme
swallow	avaler	terminal	terminal
swallow	hirondelle	termination	résiliation
swan	cygne	termite	termite
Swaziland	Swaziland	terrible	terrible
Sweden	Suède	terrifying	terrifiant
Swedish	Suédois	terror	terreur
sweet	doux	Thai	Thaïlandais
sweet	sucré	Thailand	Thaïlande
swim	nager	thesis	thèse
swine	porc	thick	épais
Swiss	Suisse	thigh	cuisse
switch	commutateur	thin	mince
Switzerland	Suisse	think	penser

ANGLAIS	FRANCAIS	ANGLAIS	FRANÇAIS
thirsty	soif	toxic	toxique
thoughtful	réfléchi	tracksuit	survêtement
thread	fil	traditional	traditionnel
thread	filetage	trainee	stagiaire
throw	jeter	training	formation
thumb	pouce	trampoline	trampoline
tibia	tibia	translation	traduction
tick	tique	translator	traducteur
ticket	billet	traveler	voyageur
tie	cravate	trestle	chevalet
tiger	tigre	triangular	triangulaire
tight	serré	triceps	triceps
tighten	serrer	trigonometry	trigonométrie
tights	collant	triped	rayé
tights	collants	tripod	trépied
tile	carreau	trolley	diable
tile	tuile	troubling	troublant
tiler	carreleur	trout	truite
timer	minuteur	trowel	truelle
timetables	horaires	trusting	confiant
tiny	minuscule	truthfully	honnêtement
tired	fatigué	try	essayer
tiresome	fatigant	t-shirt	tee-shirt
toast	pain grillé	tuna	thon
toaster	grille-pain	Tunisia	Tunisie
toe	orteil	Tunisian	Tunisien
together	ensemble	turbulence	turbulences
Togo	Togo	turkey	dinde
toilets	toilettes	Turkey	Turquie
tolerable	tolérable	Turkish	Turc
tolerant	tolérant	Turkmen	Turkmène
tomato	tomate	turn	tourner
tone	ton	turnip	navet
Tonga	Tonga	turtle	tortue
tongs	pincettes	tutor	tuteur
tonsils	amygdales	tweed	tweed
too	aussi	typical	typique
too	trop	tyres	pneus
tool	l'outil	Uganda	L'Ouganda
top	haut	Ukraine	L'Ukraine
total	total	Ukranian	Ukrainien
toucan	toucan	unbearable	insupportable
touch	toucher	unbuttoning	déboutonner
tough	dur	undercoating	sous-couche
tower	tour	underexpose	Sous-exposer

ANGLAIS	FRANCAIS	ANGLAIS	FRANÇAIS
underpaid	sous-payé	Vietnam	Vietnam
understand	comprendre	Vietnamese	Vietnamien
undisciplined	indiscipliné	view	vue
undress	déshabiller	viewfinder	viseur
uneatable	immangeable	vinegar	vinaigre
unemployment	chômage	viscous	visqueux
unfortunate	malheureux	visit	visiter
unfortunately	malheureusement	vitamin	vitamine
uniform	uniforme	vocabulary	vocabulaire
unique	unique	vodka	vodka
university	université	voice	voix
unjust	injuste	void	nul
unknown	inconnu	void	vide
unlimited	illimité	volume	volume
unnecessarily	inutilement	vomit	vomi
unpleasant	désagréable	vulgar	vulgaire
unpredictable	imprévisible	vulnerable	vulnérable
untenable	intenable	vulture	vautour
upgrade	moderniser	wader	échassier
upholstery	tapisserie	wail	gémir
upside-down	à l'envers	waist	taille
urchin	oursin	waiter	serveur
urethra	l'urètre	waitress	serveuse
Uruguay	L'Uruguay	walk	marcher
Uruguayan	Uruguayen	wall	mur
use	utiliser	wallpaper	tapisser
used	usé	walls	murs
user-friendly	convivial	walrus	morse
usually	d'habitude	want	vouloir
Uzbekistan	L'Ouzbékistan	warehouse	entrepôt
vagina	vagin	warp	fausser
valuable	précieux	warthog	phacochère
valve	soupape	wary	méfiant
Vanuatu	Vanuatu	washable	lavable
variety	variété	wasp	guêpe
veal	veau	watch	montre
vegetables	crudités	watch	regarder
vegetables	légumes	watering	l'arrosage
vein	veine	watermelon	pastèque
velvet	velours	waterproof	imperméable
Venezuela	Venezuela	wear	l'usure
venison	gibier	wear	porter
verb	verbe	wedge	cale
very	très	weight	poids
vibration	vibration	weird	bizarre

ANGLAIS	FRANCAIS	ANGLAIS	FRANÇAIS
welcoming	accueillant	worst	pire
weld	soudure	wounded	blessé
well	bien	wrist	poignet
Welsh	Gallois	write	écrire
wet	humide	writer	écrivain
wet	mouillé	writing	l'écriture
whale	baleine	wrongly	à tor
whaleshark	requin-baleine	yard	cour
wheel	roue	yawn	bailler
wheelbarrow	brouette	yell	crier
wheels	roues	Yemen	Yémen
whisk	fouet	Yougoslavia	Yougoslavie
whisper	chuchoter	young	jeune
whisper	murmurer	Zambia	Zambie
whistle	siffler	Zambian	Zambien
whiting	merlan	zebra	zèbre
wholesaler	grossiste	Zimbabwe	Zimbabwe
wild	sauvage	Zimbabwean	Zimbabwéen
win	gagner	zip	braguette
windbreaker	coupe-vent	zucchini	courgette
window	fenêtre		
windows	fenêtres		
wing	aile		
wing	l'aile		
wire	fil		
with	avec		
withdrawn	retiré		
without	sans		
wok	wok		
wolf	loup		
wonderful	merveilleux		
wood	bois		
woodpecker	pic		
woodwork	boiseries		
woodwork	menuiserie		
woodworker	menuisier		
wool	laine		
word	mot		
work	travailler		
workbench	l'établi		
worker	travailleur		
workforce	main-d'œuvre		
workshop	atelier		
worldwide	mondial		
worried	inquiet		

www.ingramcontent.com/pod-product-compliance
Lightning Source LLC
Chambersburg PA
CBHW081345160726
48000CB00010B/3234